Strategic
General Affairs

リモートワークありきの
世界で経営の軸を作る

戦略総務

実践ハンドブック

月刊総務 代表取締役社長
豊田健一

Hite & Co./CEO
金英範

日本能率協会マネジメントセンター

はじめに

　後世から振り返ったとき、コロナ禍が総務の大きな転換点となった、そのようにとらえられるだろう。なかなか導入されなかったリモートワーク、テクノロジー活用が一挙に進み、「戦略総務」に向けて大きく前進した、そのきっかけがコロナ禍であるからだ。

　リモートワークが当たり前となり、オフィスのあり方も、機能をしぼり込んだ形で進化しつつある。リモートワークが推進されることで、コミュニケーションの課題が山積みになる一方で、オンラインでのコミュニケーションも進化。むしろ、リアルよりも効果的なコミュニケーション施策が企画され、リアルとオンラインの「いいとこどり」が始まった。DX（デジタルトランスフォーメーション）も進み、テクノロジーを使うことでリモートワークを実現できた総務も存在する。

　会社を変え、なくてはならない「戦略総務」に近づいた総務、あるいは、「戦略総務」を実現した総務がいる一方で、コロナ禍の波に飲み込まれ、何も変わらないままの旧来型の総務も依然存在する。

　その違いは何なのか？

　このコロナ禍というピンチをチャンスとしてとらえ、社内に変化を起こしたか、総務自ら変化できたかどうか、ここの違いである。

　変化を乗り越えるには、自らが変化を起こすことだ、そのような言葉がある。

　「コロナ禍のせいで変化せざるをえない」という地点から、さらにその先の変化をめざし、主導権を握る。そうすれば、その変化をコントロールできるのだ。

　そして、今回の変化の中心は「働く場」。総務の管轄範囲である。ここで貢献しないで、いつ貢献するのか。そのくらいの意気込みで活躍したいものだ。

　私は長らく総務業界にたずさわってきたが、数年前に始まった働き方改

革から、総務の可能性や総務の重要性が認識されはじめ、総務にとって絶好のチャンスがめぐってきた。制度や仕組みによる働き方改革も重要ではあるが、そこで働く従業員が必ず使う働く場、ここを変えることが最も大きなインパクトを与える。そのような認識から、それをつかさどる総務の重要性が意識されるようになったのだ。

「働く場は、そこで輝く従業員（＝役者）の舞台装置。舞台が変われば、役者も演じ方（＝働き方）を変えざるをえない」。それだけ働き方にインパクトを、強制的に与えることができるのだ。総務の可能性が改めて認識された働き方改革であった。

　働き方改革、そしてコロナ禍。総務の転換点において「戦略総務」を実現できた総務に共通するのは、再三再四指摘している「変化」である。以下に、変化しつづける総務の事例を3つ紹介しよう。

　ある会社は、毎年、すべての総務業務をゼロベースで見直している。社内規程も、すべての文言を見直すのだ。「自社を取り巻く環境は、毎年変化している。自社の社員の価値観も働き方も変化している。同様に、総務のあり方も、総務の仕事もすべて変化するべきだ」という考え方のもとで見直しているのだ。進化論で有名なダーウィンの言葉、「生き残る種とは、最も強いものではない。最も知的なものでもない。それは、変化に最もよく適応したものである」。企業も、組織も、そして総務も同じこと。変化しつづけていかなければ、継続はできないのだ。

　ある会社の総務担当役員は、総務をこのように表現している。「総務の仕事は、仕事をなくすこと」。その仕事の存在自体をなくすのではなく、目の前の作業としてやらない、という意味である。そもそもこの会社はシステムに強いIT系企業。現場で困っていることを総務が巻き取り、その仕事を型化して、システムで処理できるようにしてしまう。そのようにして、いったん総務で作業はするものの、標準化してシステムに置き換え、実作業をなくす。これをくり返していく。このくり返しを、「仕事をなくすこと」と表現しているのだ。ルーティン作業は抱えず、プロジェクトベースで仕事をするような感覚である。つねに新たな変化を求め、変化しつづけ

ている姿がそこに見て取れる。

　ある会社の総務部長は、「戦略総務」を実践していると語っていた。何を
しているかというと、つねに経営とコミュニケーションを取り、経営が考
えている方向性を把握し、その延長線にある課題を見つけ、言われる前に
準備している。いざ、経営からオーダーされると、「はい、すでに対応して
います」と即答し、経営から絶大な信頼を得ている。この総務部長は、変
化を自ら見つけ、言われる前に変化を起こしているのだ。自ら変化を作り
上げているので、変化を軽々と乗り越えていける。

　変化することは怖い。多くの人はそのように感じる。そのまま同じこと
をしていれば間違いはないし、安心である。何も好き好んでリスクを取る
必要はない。

　しかし、そこに成長はない。確かに、作業を間違いなく継続できる、処
理スピードが速くなる、そのような成長はあるかもしれないが、それはロ
ボットでもできる範囲での成長である。

　コンピューターが人間を超えるシンギュラリティに近づきつつあるとも
いわれる現在、人として行うべきは、自ら考え、新たな仕事を作っていく、
つまり変化を起こすことである。

　先の3例、そして数多くの取材を通じて確実にいえることは、「変化は成
長につながる」ということだ。

　「戦略総務」を実践している数多くの総務パーソンは、変化を起こしつづ
けるその先に、各自の成長を、必ず見据えている。「この変化を乗り越えれ
ば、必ず自分の成長につながる」という信念をもっている。

　総務部の全員がそのような意識で変化しつづければ、総務部の成長につ
ながり、その結果、「総務が変われば、会社が変わる」ということになるの
だ。

　働き方改革とコロナ禍を経て、我々の社会は大きく変化しつつある。こ
の変化を格好のジャンピングボードとして、我々総務も大きく変化できる

はずであるし、ここで変化しなくてはならない。ピンチをチャンスにすることで、会社になくてはならない総務、「戦略総務」に進化するのだ。

その変化のきっかけとなるように、前著『経営を強くする戦略総務』に続いて、実践編となる本書を執筆した。第1部では前著よりさらに具体的な手法を数多く取り入れ、「戦略総務」実現への道筋を示した。第2部では、共著者である金英範さんと、これからの時代の「戦略総務」のあり方について対談を収録している。

みなさんが、変化を乗り越えて成長し、「戦略総務」としてご自身の会社に多大な貢献をされることを願ってやまない。

豊田 健一

「総務」というジョブをプロとして長年複数社を渡り歩き実践してきた小生から見て、コロナを起因に今起きている社会的な変革や働き方変革の渦の中で、いまの総務という業務はその一般的な印象でもある「何でも屋」の域を大きく超え、超難度の高いビジネス力を求められていると痛感します。バブル崩壊やリーマンショックのときなどと比べても不確実な要素が相当多く、過去の方程式がまったく通用しない、まるで多変数方程式です。そのような難しさの中、現場で奮闘している総務部の方々へ少しでもそのお役に立ちたいと思い、この本の執筆へ協力させていただきました。

「世の中が平穏で自分の会社も平穏なときに一番つまらない仕事は何ですか?」と聞かれたら、私はまっさきに「総務部です」と答えます。変化のない状態が好きという考え方もありますが、それは成長と成果、イノベーションや生産性向上とは必ずしも直結しないでしょう。社会に変革が起きて、社内にも変革が起きている今、逆に総務部が一番面白く、経営への「影

響力」を大きく発揮できるジョブとして一気に社内で脚光を浴びてきていると私は足元で感じています。これは一人の仕事パーソンとして自分がプロと認知されるジョブをもち、長期キャリアの土台を形成するチャンスでもあり、まさに今この数年間しか経験できない貴重な実践型「キャリアアップ・プロジェクト」だと思っています。「それは何故か？」「ではどうしたらよいか？」をこの本を通じて少しでも多くの読者へ伝わり、その習得したものを明日から実践して会社へ、そして社会へ、今までの自分とは次元の違ったレベルでの貢献ができるよう、そのきっかけとなることを願っています。

金 英範

目 次

第1部 今、総務がするべきこと
激変した環境下における7つの施策

第1章 新しいワークスタイルの時代の総務

第2章　オフィスをめぐる戦略と実践

第3章　ピンチをチャンスに変えるDX

第4章 リモートワークとコミュニケーション

今、総務がするべきこと

激変した環境下における7つの施策

第 **1** 章

新しいワークスタイルの時代の総務

1-01

今、なぜ「戦略総務」なのか

「戦略」化されうる理由と、その必要性

■ 総務は「戦略」化されうる

「総務」というと、会社の中の細々とした雑務を引き受ける「何でも屋」といったイメージをもたれがちだ。

しかし、総務は受け身の「何でも屋」状態から脱して、「戦略総務」にならなければならないというのが私の持論である。

戦略総務とは何か。それはひと言でいえば、会社の長期的な戦略に積極的に関与し、会社を変える総務である。総務はそのようなクリエイティブな仕事になりうると私は確信している。

なぜ、総務は「戦略」化されうるのか。総務という部署には、次のような強みがあるからである。

❶ 社内の情報を最も多くもっている

総務部員は、社内を歩きまわることで現場のメンバーとの人脈を作り、情報を把握することができる。一方で、経営との間にも独自のつながりがあり、経営の方向性も知ることができる。

つまり総務とは、現場と経営の両方と接点をもつポジションであり、社内の情報を横断的に手に入れることが可能なのだ。会社の掲げる大きな戦略を実践していくうえで、総務が握る情報は、非常に有益だといえる。その情報にもとづいて、社内のリソースを有効活用していくのである。

❷ 大きな予算を管理している

総務は、人件費に次ぐ大きな予算を管理している。直接の負担は各部署であったとしても、総務が代表して価格交渉をしている費用もある。間接的な影響力をもっている費用も含めると、会社を変えるための大きな施策を打てる可能性をもっているといえる。

❸ 全社に影響を与える業務内容をもっている

　総務のメインの仕事として、**働く「場」の設計と維持管理**がある。つまり、さまざまな部署のメンバーが、総務の作った「場」で働くのだ。

　ここでいう「場」とは、オフィスのレイアウトだけではない。働きやすさやコミュニケーションの取りやすさにかかわる施策から、企業風土に至るまで、目に見えない影響も含めた「場」である。

　総務部は、上記❶〜❸のような強みをもっている。その総務が将来を見すえ、会社を変える戦略を実行していけば、大きな成果が得られるはずだ。

━━ なぜ「戦 略」化 が 必 要 に な る の か

　しかし、そもそもなぜ「会社を変える」ことが求められるのだろうか。
　それは、社会が変わるからである。**変わっていく社会に対応しなければ、会社は生き残れない**のだ。

　特に現在、社会はまさに過渡期にある。古い価値観が崩壊し、昨日までの前提が通用しなくなっていくこの激動の時代において、総務は、会社の外側の社会に対して、つねにアンテナを立てていなければならない。そして、**社会の変化**を敏感に感じ取りつつ、「このように変わっていく社会の中で、会社を生き残らせるためには、何が必要なのか」という問題に、答えを出しつづけなければならない。

　戦略総務がめざすのは、これからの時代に、**優秀な人材を確保し、会社の生産性を上げること**。そして、それによって**会社を生き残らせ、発展させること**である。

「言われてやる総務」	「戦略」化	戦略総務
他部署の依頼に対応 受け身 「何でも屋」	→	会社の戦略に 積極的に関与して 会社を変える

1-02

「働き方改革」と「ニューノーマル」

総務が向き合うべき社会の変化

■ 「働き方改革」とその背景

では、戦略総務が向き合うべき、現在の社会の変化とは、どういうものなのか。それを確認するために、まず取り上げなければならないのは、働き方改革である。

働き方改革とは、2010年代半ば以降、日本政府によって推進されてきた改革である。そこでめざされているのは、働く者が、それぞれの事情に応じて、多様な働き方を選択できる社会だ（厚生労働省のホームページなどを参照）。その背景には、社会の大きな変化がある。

❶ 労働力の減少

最も重要なのは、少子高齢化にともなう、生産年齢人口（15歳以上65歳未満の人口）の減少である。つまり、社会全体で労働力が減っているのだ。

このままでは、生産力が低下する一方である。そこで、働き手を増やしつつ、労働の生産性を上げていかなければならない。これが、働き方改革が必要とされる最大の理由だといえる。

❷ グローバル化

もうひとつ、働き方改革の背景になっていると考えられるのが、グローバル化である。

社会がグローバル化すると、企業間の競争は苛酷になる。国内で一定のシェアをもっていたとしても、その顧客を、外国の企業に奪われることになるかもしれないのだ。また、優秀な人材も、国境にとらわれることなく、魅力的な企業を選ぶようになる。

急激なグローバル化への反動として、保護主義の台頭も目立つが、テクノロジーの発展とともに進んだグローバル化が逆戻りすることは、基本的

にはありえない。会社がこれからの時代を生き延びていくためには、グローバル化の中で顧客と人材を確保していかなければならないのだ。働き方改革は、そのためにも必要とされる。

■ 「コロナ禍」のピンチをチャンスに

2019年4月からは、**働き方改革関連法**が順次施行されている。しかしそんな矢先に、だれもが予想しなかった出来事が、世界を、そして日本社会を襲った。いうまでもなく、2019年末から話題になり、2020年に一気に拡大した、**新型コロナウイルス感染症**の蔓延である。

命の危険にもつながるこの感染症をくいとめるべく、人と人との接触を減らすための、さまざまなルールやマナーが作られた。満員電車で通勤することや、密閉されたオフィスに集まって仕事をすることが危険であるとされ、企業の体制も多かれ少なかれ変わらざるをえなくなった。この**コロナ禍**によって、大きな打撃を受けた会社はとても多い。

しかしここで、あえて観点を変えてみよう。

たとえば、働き方改革の中で、「多様な働き方」のひとつとして、**リモートワーク**の導入が奨励されていたが、実際のところ実施率は低く、IT系企業や意識の高い一部の企業が導入するにとどまっていた。

それが、コロナ禍で「可能ならば在宅勤務にしなければ」という必然性が生じた。そして実際にリモートワークを導入してみると、「案ずるより産むがやすし」で、支障なく仕事ができ、しかも生産性が上がった人も少なくなかったのだ。

つまり、コロナ禍のピンチの中から、**これまでめざされてきた方向性を促進するような一面**を見いだすことも可能なのである。

コロナ禍によって余儀なくされた新しい生活様式は、**ニューノーマル**と呼ばれる。この言葉には、「変化以前に戻ることができなかったとしても、変化を受け入れてやっていこう」という含意がある。働き方に関しても、「この危機はいつ終わるのか？」ではなく、「**この危機は、私たちをどう変えるのか？**」という観点で考えたほうが、建設的なのではないだろうか。

ワークスタイル改革に必要なもの

これだけは押さえておくべき4つのキーワード

■ 社会の変化に対応する改革

前の項目で、戦略総務が向き合うべき、現在の社会の大きな変化を確認した。会社がそのような変化に対応していくことを、本書では**ワークスタイル改革**と呼ぶことにしよう。

では、ワークスタイル改革は、どのようなものであるべきか。

それは本質的にいって、いわば未知の事態をその都度切り抜けていくことなので、「こうすればよい」ということをマニュアル的に示してもあまり意味がない。

しかし、新しい時代の会社のあり方を考えていくための、ワークスタイル改革のキーワードを提示することはできる。ここでは、必ずしも総務の仕事に限定せず、改革に際して押さえておくべきキーワードを4つ紹介しておきたい。

■ 「多様性」

まずは人材確保の面から見てみよう。

A&Rという言葉がある。**アトラクション**（Attraction、惹きつけること）と**リテンション**（Retention、引きとめること）をカップリングした言葉であり、「いかにして、優秀な人材を採用し、定着させるか」という人材マネジメントの基本戦略を意味する。

ワークスタイル改革の文脈でA&Rを考えると、**働きやすさ**が重要になってくる。

つまり、さまざまな事情を抱えた人が働きつづけられるような環境を整備することが重要なのである。具体的な施策としては、たとえば次のようなものが考えられる。

- [ ] リモートワーク
- [ ] 時短勤務
- [ ] スーパーフレックス
- [ ] 時間単位で取得できる有給休暇
- [ ] 限定正社員制度
- [ ] JOB型雇用（64ページ参照）

ここで出てくるキーワードは、働き方の**多様性**である。

企業としては、「働き方の選択肢^{ワークスタイル}を、できるだけ多く用意し、メンバーに提供する」という姿勢を取ることが望ましい。これを対外的に広報すれば、企業の魅力が高まり、採用の際のアトラクションになるだろう。もちろん、多様なワークスタイルを用意しておけば、既存メンバーの定着率も大きくアップする。

つまり、多様性は、会社の**求心力**になるのである。

人材ひとりあたりの採用コストは、求める人材の月額給与の2倍はかかるといわれている。このコストを減らせば、大きな経営貢献ともなる。

━━「 理 念 経 営 」

ワークスタイルの多様化が、社会全体で順調に進むとしよう。すると、「ワークスタイルの面では、多くの企業が大差ない」という状況になるだろう。実際、先進的な企業が取り入れる施策は、似通ってくる傾向がある。また、働く「場」であるオフィスの作りも、似たような雰囲気の会社が増えている（典型的なのが、アメリカ西海岸風のスタイリッシュなオフィスだ）。

どんな会社に属しても、似たような制度や環境のもとで働けるとなると、「そもそも自分は、なぜこの会社で働くのか」という疑問が出てくる。

逆にいえば、個々の会社の「らしさ」がなければ、メンバーを定着させることが難しくなっていく時代なのだ。

では、その会社の「らしさ」とは何か。

その根源は、**ミッション**や**ビジョン**、**バリュー**である。つまり、理念を

掲げてその実現をめざす、**理念経営**が必要とされるのだ。

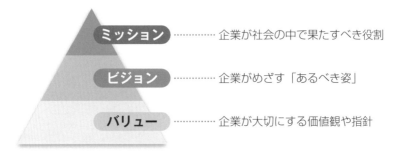

ミッション ………… 企業が社会の中で果たすべき役割

ビジョン ………… 企業がめざす「あるべき姿」

バリュー ………… 企業が大切にする価値観や指針

■ 「主体性」

　さて、会社側がワークスタイルの多様性を拡充し、最大限の選択肢を提供したとしても、メンバーが切実な「自分ごと」として考えて選択してくれなければ意味がない。

　ここで重要になるキーワードが、メンバーの**主体性**である。ワークスタイルの多様性と、メンバーの主体性は、表裏一体なのだ。

　先進的な企業の中には、メンバーの主体性を育むために、「自分の人生について考える時間」を設けている会社が少なくない。「1年後、3年後、5年後、どのような人生を歩んでいたいか」といったテーマの作文を課している会社もある。このような問いに関しては、上司の指示をあおぐわけにはいかない。「自分ごと」として考えなければならず、自然と、主体的なマインドが醸成されていく。そして、その「歩んでいたい人生」を実現するために、どのようなワークスタイルを選択したらよいのかを考える。これを継続していくことで、自らのワークスタイルを選択するという主体性が育まれるのである。

■ 「生産性」

　各メンバーが、自分の仕事を主体的に考えることができるようになれば、悪い意味でのルーティンや「やらされ仕事」がなくなる。自分で仕事

の意味を考え、業務を効率化し、**生産性**を上げていくだろう。

この生産性こそが、ワークスタイル改革の4つめのキーワードである。

ごく単純に考えて、少子高齢化で労働力が減少する中で、経済的な衰退を免れるためには、生産性を上げるしかない。

また、海外の企業に比べて、日本企業の生産性は低いといわれる。特に問題視されるのが、日本のホワイトカラーの生産性の低さである。グローバル化の中、海外企業との競争で生き残っていくためには、生産性の改善が不可避である。

現在進んでいる**働き方改革**は、**長時間労働の是正**をひとつの目玉としている。苛酷な長時間の残業が、労働者の心身の不調につながるケースは多く、ときに痛ましい事件になることもあるので、これを抑制するのは、もちろん必要なことである。長時間労働を抑制する施策としては、次のようなものがある。

□ 有給休暇の取得計画を、年度初めに確定し、部署内で共有
□ 病気欠勤のためのバックアップ休暇の設定
□ 時間を決めて強制消灯
□ PCの強制シャットダウン
□ No残業デー

ただし、見逃せないのは、「労働時間を減らせば、おのずとメンバーひとりひとりが工夫して仕事の効率を上げ、生産性が高まるだろう」という楽観論である。

処理するべき業務の量が変わらないまま、労働時間だけを減らしたとしたら、単に「仕事が終わらなくなる」だけだ。そのしわ寄せは、管理職や下請けに回り、結局はだれかが追い込まれることになる。

労働時間の削減は、当然、実施しなければならない。では、どうやって労働時間を削減するのか。

本質的な解決手段は、構造的に生産性を高めることしかない。つまり、労働時間削減のために、業務を見直して改善することが必要なのだ。

1-04

コロナ禍が残したもの

ピンチをチャンスに変えるために

━━ 促進されたこと

これからの時代の**ワークスタイル改革**について考えるためには、**「コロナ禍は、私たちの社会に何を残したのか」**の検証も欠かせない。

その際、マイナスの面を見るだけではなく、**多面的にとらえる**ことが重要である。

コロナ禍で多くの人が在宅勤務を余儀なくされた結果、リモートワーク導入が推進されたことについては、25ページでふれた。

また、日本政府が押印（おういん）の廃止に舵（かじ）を切り、きわめて日本的なビジネスの流儀ともいえるハンコ文化が消滅に向かっている。

これまで遅々として進まなかった**リモートワークとテクノロジーの活用が、コロナ化によって一気に促進された**のである。

━━ あぶり出されたこと

コロナ禍によって、あぶり出されたことも多い。

特に、半ば強制的な在宅勤務や、国の補助金などの申請に直面したことで、「日本ではこれまで、**ビジネスのIT化・デジタル化**が進んでいなかった」ということが明るみに出てしまった。

日本は、少なくともビジネスのデジタル化においては、かなり遅れているといわざるをえない。日本というガラパゴス的な環境下ではかなり先進的に見える企業でも、グローバルな基準から見ると、高いレベルではないかもしれない。

他企業のすぐれた事例を調査してお手本とすることを**ベンチマーク**というが、デジタル化のベンチマーク先を、「日本」の枠の中で探すのは危険だ、と気づいた方も多いのではないだろうか。これからの時代、**グローバ**

ルな基準を見定めてベンチマーク先を探すことが、ますます重要になる。

■ 「当たり前」だったものの意味

　そして重要なのは、コロナ禍によってさまざまな既成の前提や固定観念が打ち壊されたため、**「当たり前」だと思われていたもののもつ意味が意識されるようになった**ことである。

　日本のビジネスパーソンの多くは、これまで、「集まって仕事をする」というスタイルを、「当たり前」だと思い込んでいた。しかし、コロナ禍によってリモートワークが急激に拡大し、「分散して仕事をする」という、これまでになかったワークスタイルが浸透してきた。そして今、**「集まる」ことの重要性**に、多くの人があらためて思いをめぐらせているのではないだろうか。

　「集まる」ことができなくなったビジネスパーソンたちにとって、直接的な問題点は、たとえば**コミュニケーションの減少**や、**コミュニティ意識の希薄化**である。

　また、「集まる」ことを可能にしていた**オフィス**は、これまでいわば「空気」のような存在だったが、意識の中で対象化されてきている。

　そして、「コミュニケーションとは何なのか？」「コミュニティ意識は、どのように涵養されるのか？」「オフィスは何のために必要なのか？」といった、**「そもそも」の問い**が生まれるようになるのだ。

　このような問いは、これからの時代のワークスタイルを考えていくうえで、必ず役に立つ。こういった問いと向き合うことで、新しい施策が生まれるのである。

　コロナ禍のせいで、日本のビジネス界がピンチに陥ったという事実は否めない。しかし、**もうもとに戻ることはできない。**

　だからこそ、この苦境から何かを学び、その学びから変化を引き起こせば、ピンチをチャンスに変えられるはずだ。

総務がワークスタイル改革を主導する

最初に、改革の課題を見定めよ

━━ 司令塔を務めるのは？

　これからの時代の会社には、**コロナ禍も踏まえたワークスタイル改革**が必要である。では、そのワークスタイル改革は、会社の中のどの部署が主導すればよいのだろうか。

　ワークスタイル改革は、**部署を横断**する形で進めていくものである。社内を見渡し、各部署の状況や弱点、リソースなどを把握して、改革を実行する。

　その主導権を握るべきは、各部署とのつながりをもち、多くの情報をもつ総務部だ、と私は考えている。総務部こそが、ワークスタイル改革の「司令塔」となるべきなのである。

━━ 「Why」と「What」から考える

　「そうか、私たちがワークスタイル変革を推進するのか」と奮い立つと、そのまま「では、どのように働き方改革を進めようか」という考えに移っていく人も多いかもしれない。

　しかし、ちょっと待っていただきたい。

　最初に考えるべきは、「どのように」ではなく、「なぜ」働き方改革を行うのかということだ。さらに、「何をめざすべきか」というビジョンも、しっかりと見つめておく必要がある。

　何ごとでも、まず**「Why（なぜ）」**という背景や課題を大前提として押さえて、**「What（何を）」**という目標を定める。そのうえで、目標達成のために**「How（どのように）」**という手段・方法を考えるのである。

　ワークスタイル改革が成功している企業には、この「Why」と「What」をしっかりと考えている会社が多い。

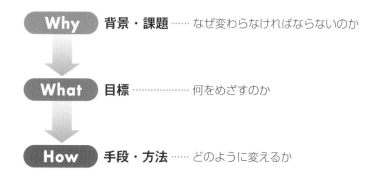

この場合、「Why」の大きな要因は、社会全体のレベルでは、すでに確認した。**働き方改革**の主要な背景となっている、少子高齢化にともなう**労働力の減少**と、**グローバル化**である（24ページ参照）。また、**AI（人工知能）に代表されるテクノロジーの進展**によるビジネスの構造的変化も、ここに加えてもよい。それらの変化に対応するための、ワークスタイル改革なのである。

これらの要因と同等か、それ以上に大事になってくるのが、**会社ごとに固有の「Why」**である。つまり、改革によって何を解決するべきなのか、自社の抱える課題がどこにあるのか、ということだ。さらに、**めざすべき具体的な「What」**も、業種や経営理念によって異なってくる。

当たり前のことだが、ワークスタイル改革は、「改革自体」が目的なのではない。解決するべき問題があり、課題を解決した状態のビジョンが目標として設定されて、それを実現するためにワークスタイル改革が実施されるのである。

ワークスタイル改革の司令塔となるべき総務は、改革に取り組むにあたって、**最初に自社の「Why」と「What」についてじっくりと考え、明確な答えをつかんでおく**必要がある。

スタートの時点でそうしておくことは、改革の成否を評価する際にも効いてくる。「何人リモートワークをしたか」といった数字は、ひとつの指標になるだけである。あくまで、**大きな「What」が達成され、「Why」の課題が解決されたか**を見なければならないのだ。

1-06

総務自身の業務を効率化する

ワークスタイル改革は「足もと」から

━ 「自分ごと」として認識する

さて、ワークスタイル改革の「Why」（背景・課題）と「What」（目標）を押さえたら、改革を主導する総務はそれを、「自分ごと」として受け止める必要がある。そして、**全社の改革に着手する前に、総務においてワークスタイル改革を遂行する**べきである。それは具体的にいえば、**総務の既存業務を効率化**しておかなければならない、ということだ。

なぜなら、全社の改革を推進するという仕事には、時間と労力がかかるからである。その分の時間と労力のリソースを、先に用意しておかなければ、自分たちの従来の業務すらままならなくなり、改革は頓挫してしまう。

━ 全業務の可視化

既存業務の効率化を行ううえで、まずやらなければならないのは、**全業務の可視化**である。

ホワイトカラーの業務効率が低くなる原因を表す、**「見えない、測れない、改善しない」**という言葉がある。仕事が**属人化**し、「ほかのメンバーが何をしているのか」が互いにわからなくなると、効率を評価し改善することができなくなるのである。

だれが、どのような業務を、どのような方法で、どのようなスケジュールで行っているのかを、聖域なくすべて洗い出すところから始めよう。

そして大事なのは、「なぜ、何のためにその業務を行っているのか」という**目的を、個々の業務について明らかにする**ことである。これも「Why」にあたる。「Why」を問われることなく、ただ「これまでもそうだったから」「そういうことになっているから」と惰性で行われてきた業務には、省くべきムダが潜んでいることが多い。

■ 「 や め る 、 減 ら す 、 変 え る 」

全業務の可視化によって改善するべき点が見えてきたら、「どう改善するか」を考える。そのときの王道は、「**やめる、減らす、変える**」である。

❶ やめる

まずは、その業務を「やめる」ことはできないか?　と検討してみよう。業務自体をなくしてしまえば、労力コストはゼロ。究極の効率化となる。

❷ 減らす

「やめる」ことができなかったら、次は「減らす」ことを考える。「この業務に、従来ほど高いレベルの成果が必要なのか?」という視点から、ムダな作り込みを省いていくのである。

❸ 変える

「減らす」ことができなかったら、方法レベルで「変える」ことを考える。

そのときぜひ検討するべきなのが、総務のメンバーがやっていることを、テクノロジーによって代替したり、外注したりすることだ。細かいタスクにかける時間を省ければ、総務は「戦略」面で動けるようになる。

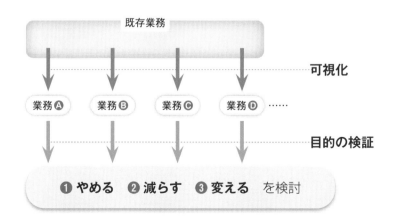

現場・経営とのコミュニケーション

社内の情報への精通が改革のカギになる

■ 社内マーケティングの必要性

総務の業務を効率化し、ワークスタイル改革を推進するためのリソースを確保したら、次に行うべきことは、**ほかの部署との間のコミュニケーション**である。

ワークスタイル改革は、各部署のメンバーの**生産性**を上げることをめざすものだ。たとえば、研究・開発部門が技術革新を実現し、営業部門が売上を拡大する。各部門が本業に専念し、その成果を伸ばすことで、会社が発展し、生き残っていく。総務は、そのような生産性向上に貢献していくわけである。

これを遂行するためには、「現場のメンバーたちがどんな状況の中にいるのか」「何を求めているのか」を知る必要がある。つまり総務は、**自社の社内マーケティング**を行っていかなければならないのだ。

営業部員が、顧客の満足度を上げるため、顧客のことを徹底的に知ろうとするのと同じように、総務もある意味、各部署のメンバーを自らの「お客様」ととらえ、「お客様」のことを知ろうと努力するべきである。

■ MBWA

MBWAという言葉を聞いたことがあるだろうか。マネジメント・バイ・ウォーキング・アラウンド（Management by Walking Around）、つまり「歩きまわることによる経営管理」の略である。この言葉の由来は、アメリカ南北戦争（1861〜1865年）のとき、エイブラハム・リンカーン大統領が最前線の状況を自らの目で把握していた、という史実にまでさかのぼるといわれる。**現場に足を運ぶことの重要性**を説いた言葉である。

総務の社内マーケティングにも、このMBWAの手法は応用できる。出

向かなくても仕事を進められる環境の整った今だからこそ、メールのやり取りだけでなく、ぶらぶらと現場に出向く。極力、現場との接点を増やすことで、現場の雰囲気をつかみ、施策決定にフィードバックするのである。

■ 「知られていること」が、はたらきかけの武器に

総務がちょっとした用事でも現場に頻繁(ひんぱん)に出向くようにすれば、現場を知ることができるだけでなく、**現場のメンバーに知られるようになる**。じつはこれが、ワークスタイル改革を行うときの武器になるのだ。

ワークスタイル改革のための取り組みは、初めての試みも多いだろう。現場で困惑が生じることも珍しくない。そんなとき、現場と接点がないまま、「こうしてください」とはたらきかけても、「現場のことも知らないくせに！」と、強い反発を受けることになる。

しかし、日頃から現場の状況を見て、苦労を聞いている総務がはたらきかければ、反発は最小限に防げる。「こういった理由から、このような目標を見すえて、こう変えましょう」と、**やりたいことを明確に示して施策とつなげる**ことで、「多少不満はあるけれど、そうしたほうがいいんだろう」と、納得してもらえるだろう。

■ 経営の視点から、俯瞰的にものを見る

現場を知り、現場から知られることは非常に大事だが、それと同時に、つねに意識したいのは、**経営の視点をもつ**ことだ。**全社を俯瞰的に見通す**(ふかん)こと、といいかえてもよい。

個別の施策がよいものであっても、局所最適にすぎず、全体としては非効率的になってしまうことも少なくない。それぞれの施策の方向性がちぐはぐで、現場のメンバーがかえって混乱してしまうこともある。

そういった事態を防ぐため、**経営とも密にコミュニケーションを取る**ようにしよう。また、**つねに自社のミッション、ビジョン、バリューに立ち返って考える**ことも大事である（27ページ参照）。

1-08

VUCA時代の情報収集

アンテナを立てていなければ生き残れない

■ 一寸先は闇のVUCA時代

「一寸先は闇」の今の時代は、**VUCA時代**だといわれることがある。**変動性**を表すヴォラティリティ（Volatility）、**不確実性**を表すアンサートゥンティ（Uncertainty）、**複雑性**を表すコンプレキシティ（Complexity）、**曖昧性**を表すアンビギュイティ（Ambiguity）、この4つの言葉の頭文字を取って「VUCA」である。

2016年にイギリスが国民投票によってEUからの離脱を決め、アメリカでドナルド・トランプが大統領選挙に勝利した頃から、この言葉が口にされるようになった。政治主導で社会や経済に突然の変化がもたらされ、人々の生活も大きな影響を受ける、そんな時代だ。

■ つねに情報を収集せよ

そんな時代に、総務に必要となってくるのは、「**今、会社を取り巻く環境はどうなっているのか**」という事実の把握である。特に次のような項目については、つねにアンテナを立てて情報収集していかなければならない。

□ 自社が属する業界の動向
□ 自社の事業に関する、法令面での動き（法改正など）
□ グローバル社会の情勢が、自社のビジネスにどうかかわってくるか

そして、こういった情報をもとに、「**この環境の中で生き残っていくには、自社はどうあるべきなのか**」「**どこを変えていかなければならないのか**」を考えていくのだ。

そしてそれを、「自分ごと」へとブレイクダウンする。つまり、「**望まし**

い変化を起こすために、**総務はどんな役割を果たすべきか**」「**その役割を果たすために、具体的にどう動かなければならないのか**」という問いへと落とし込むのである。

━━ 「know　how」よりも「know　who」

　VUCA時代は、何が起こってもおかしくない時代だ。

　未知の出来事との遭遇に対処するとき、過去の経験にもとづく「know how」に頼るのは、危険なことだといわざるをえない。「これまでは、こうすればうまくいっていたんだから」と既成の手法を使っても、逆効果になるかもしれないのだ。

　では、どうすればよいのか。

　未知の出来事に対して、最も有効な手を打てるだろうと期待できるのは、さまざまな事柄の**専門家**である。彼らは過去の事例に精通しているだけでなく、「予想外の事態にどう対処するか」についても、しっかりとした考えをもっていることが多い。

　したがって、**いざというときには、「専門家の力を借りられるかどうか」**がものをいう。どれだけの人脈をもち、必要なときに切れるカードを用意しておくか。それが戦略総務の「力量」となる。

　つまり、「know how」ではなく「know　who」。**相談できる専門家とのコネクション**を数多くもっていることが大事なのだ。

　したがって戦略総務は、**外部との接点を作ること**を意識して動かなければならない。

　もともと総務の仕事には、外部の人の協力なくしては回らないものも少なくない。普段から、**サプライヤー**（仕入れ先・供給元）、**ベンダー**（販売業者）、専門家といったビジネスパートナーたちを、プロとしてリスペクトし、良好な関係を築いておこう。

　それと同時に、展示会や講演など、さまざまなところに出向いて、**人脈を広げる**こと。

　そして、何か困ったことがあったら、その人脈を活かし、しかるべき人

に相談し、最良のアドバイスや手助けを得るのである。

■ 課題管理

　VUCA時代に、もうひとつ大事になるのが、**課題管理**である。

　課題管理とは、自社にとって解決しなければならない問題やリスクを把握し、日々の社会情勢の変化の中で、それらを観察していくことである。最終的には、それらの問題に対処し、リスクを解消することをめざす。

　自社にとってリスクだと判断された項目については、「万が一、その事態が発生してしまったとしても、損害を最小限に抑える」という発想で、予防措置を取ったり、保険をかけたりする。また、リスクとして管理されていた事態が現実になったときには、あらかじめ定めていた方法で対応し、処理するのである。

　この課題管理を担当する部署は、**全社の情報を把握している必要がある**。全社のことをよく知っていなければ、自社にとって要注意の項目をピックアップすることができず、観察するべき対象や、入手するべき情報のアンテナが立たない。

　そして、全社の情報を多く握っているのは、総務である。つまり、課題管理についても、総務が積極的に関与していくべきなのだ。

■ OODAループ

　では、課題管理において観察している項目は、どのように扱っていけばよいのだろうか。

　ここで参考になるのが、**OODAループ**という理論である。これは、20世紀後半に活躍したアメリカの軍事理論家ジョン・ボイドによって考案された、意思決定のプロセスだ。これを理解するには、よく知られた**PDCAサイクル**と比較してみるとよいだろう。

　PDCAサイクルでは、まず❶**計画**（Plan）を立て、それを❷**実行**（Do）し、❸**評価**（Check）して❹**改善**（Act）するという4ステップを回していく。

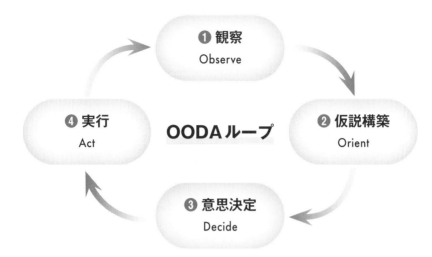

理にかなった考え方に見えるが、ここにはひとつの、暗黙の前提がある。それは、「最初にしっかりと計画を立てられる」ということだ。

　逆にいえば、あらかじめ計画を立てることができないような事柄に関しては、PDCAサイクルは通用しない。つまり、予想外の事態が突然起こるVUCA時代には、PDCAの有効性は限定的になるのだ。

　一方、OODAループは、**❶観察**（Observe）、**❷仮説構築**（Orient）、**❸意思決定**（Decide）、**❹実行**（Act）の4段階からなる。

　❶まずは観察を行い、❷その結果から、「きっとこうなるだろう」という仮説を立てる。❸その仮説にもとづいて、「リスクにどう備えるか」「最悪の事態が起こったらどうするか」といった意思決定を行い、❹即座に行動を起こすのである。

「ある程度安定した状況の中で、計画を立てて実行し、差分を修正する」という考え方のPDCAサイクルに比べて、OODAループのほうが、**スピード感**があるといえるのではないか。

　そして、VUCA時代に求められるのは、このスピード感なのである。「いつ何が襲ってくるか」がわからない状態で、突然生じる変化に対して、俊敏に対応することが、これからの時代の戦略総務には必要になってくる。

改革は「小さなところ」から「横展開」

全社にワークスタイル改革を広げるには

■ 改革は段階的に

総務が進めるワークスタイル改革は、ある意味、各部署が無意識的にもっている「仕事に対する考え方」や「これまでの成功パターン」に対して、「これからは、それは通用しません」ということを突きつけるものでもある。

それゆえに、一気に全社で改革を遂行しようとしても、同時多発的にトラブルが起こり、うまくいかなくなるかもしれない。

ワークスタイル改革で成果を上げているケースでは、ほとんどの場合、いきなり全社導入はしていない。**小さなところから改革を始めて、しかるのちに横展開する**のがポイントである。

34ページで「まずは総務部から業務を効率化する」ということを述べたが、そのあとも、たとえば移転予定の営業所があったら、そこを改革の舞台にするのもよい。

いきなり全社を変えようとして、もし大失敗したら、改革そのものが否定され、二度と機会がないかもしれない。**失敗したら中断しても大丈夫な範囲でトライし、効果を検証して修正し、うまくいったらその範囲をじわじわと広げる**のだ。そして最終的に全社導入へともっていく。

■ 「小さなところ」から広げる

それでは、小さな範囲で行われた改革を広げるには、どうすればよいのだろうか。

有効なのは、**社内報**などのメディアを使って、ワークスタイル改革の必要性やメリットを継続的に宣伝するとともに、**改革が成功した事例を紹介する**ことだ。「本当に、いろいろな部署で働き方が変化しはじめている」と

いうインパクトを与えられるし、また、多くのメンバーが「これが奨励される働き方なのか」と、実例を知ることができる。

ポイントはふたつ。**成功事例にかかわった人の「思い」を紹介し、共感を引き起こす**こと。そして、**具体的な実践方法についてはエッセンスを抜き出し、だれでもが実践できるようにする**ことである。

実際に働き方を変えているメンバーを表彰したり、場合によっては、働き方を変えないメンバーに何らかのペナルティを課したりすることも必要かもしれない。そのような取り組みを通して、望ましい働き方を、全社の無意識レベルまで浸透させていくのである。

これまでの働き方や、それを支える考え方をくつがえすような大きな変革を、積極的に取り入れようとするのは、メンバー全体の中の、多くて2割程度だろう。その2割の実践を大きく顕彰すれば、とりあえず「様子見」を決め込んでいる6割ほどのメンバーの背中を押すことになる。

■「変わりたくない」と思っている人を巻き込む

改革に対して、大きな抵抗感をもつメンバーも、2割ほどはいるだろう。そういう人たちにはたらきかけるとき、抽象的な一般論では、考え方を変えてもらうことはできない。**「自分ごと」として受け止めてもらえるよう、当事者意識を喚起する**ことが必要になる。

まずは、**今までの仕事のスタイルを自覚し、意識してもらう**。そして、**その働き方のデメリットを明確化する**。その際、「従来のワークスタイルでは、これからの時代、どんな問題が発生するのか」を、**個人の仕事および自社の事業と関連づけて説明**し、「暗い未来」についての具体的なイメージを示すことが大事だ。

そのうえで、「これからは、このように変えていきたい」という**望ましい働き方を示す**。このときは、働き方を変えることで生産性が向上し、「明るい未来」がやってくることを、その人の身に起こる出来事として具体的にイメージさせるのである。「このような明るい未来をめざしませんか」といった投げかけ、問いかけで表現するのがポイントだ。

1-10

新しい時代の戦略総務のテーマ

取り組んでいくべき具体的な課題は何か

■■■ リモートワーク拡大のもとで

戦略総務として、ワークスタイル改革で取り組むべき具体的な課題は、どういうものだろうか。

次章以降のためのインデックスとして、多くの会社にあてはまるであろう普遍的なテーマを、ざっと挙げておこう。

リモートワークがニューノーマルとなりつつある現在、**オフィスの存在意義**が問われている（第2章）。

むろん、テクノロジーを駆使して業務をIT化する**デジタル・トランスフォーメーション**は避けて通れない（第3章）。

そして、メンバーどうしがリアルに顔を合わせる機会が減る中、**社内コミュニケーションの活性化**が最重要課題となりつつある（第4章）。

■■■ 「見えない」ことの常態化に対処する

また、ワークスタイル改革にとって最重要の背景である労働力の減少から、人材の採用と定着が大きな問題になってくる。

考えなければならないのは、人を惹きつけ、定着させ、活躍してもらうための**健康経営**だ（第5章）。「見えない」ことが常態化するリモートワーク中心の体制では、メンタル不全が多発する危険性もあり、それを回避することも重要課題となってくる。

ニューノーマルの中では、**教育研修**をどうするかも、悩ましい問題だろう。基本的な考え方を示したい（第6章）。

そして、会社をめぐる常識が大きく変わった今、会社はメンバーをどう守るのか。そのリスク管理のあり方も、戦略総務にとってのテーマとなる（第7章）。

第 **2** 章

オフィスをめぐる戦略と実践

2-01

セレンディピティからオフィスを考える

オフィス戦略の基本（1）

■ 「場」としてのオフィス

これからの総務のあり方、ひいては会社のあり方を考えるときに、まず検討しなければならないのは、**オフィス**である。

近年、オフィスに対する見直しが急激に進んでいる。極端なところでは**オフィス不要論**まで登場しており（58ページ、74ページ参照）、実際にオフィスをなくしてしまった会社まである。

たしかに、「会社なんだから、とにかくオフィスに集まればいい」といった惰性的な考え方では、これからの時代についていけなくなる危険性は高い。「**会社にとってオフィスとは何か**」を本質的に見つめ直し、それぞれの会社に最適な形を模索していくべきだろう。

各メンバーがバラバラに仕事をして、その成果を単に足し合わせるだけではもったいない。共同で仕事に取り組み、ひとりでは得られないような成果を得るところに、集団を形成する意味があるのではないだろうか。また、共同作業によって高度な知識や技術を構築し、受け継いでいくことも、会社という「場」があってこそできることである。

「会社にとってオフィスとは何か」という問題は、このような**「場」の観点**から見ていくべきだ。

そして、**オフィスをクリエイティブな「場」にしていく**ための見直しや改善・変革について、イニシアティブをとれるのは、総務である。

この章では、会社を変えるオフィス戦略を、総務がいかにして主導していくかを考える。

最初に、オフィスをクリエイティブな「場」にしていくうえで必要になる基本的な考え方を、ふたつ提示したい。

どちらも前著『経営を強くする戦略総務』ですでに紹介しているが、重

要かつ実践的な内容なので、本書でも解説する。前著を読んでくださった読者にも有益になるよう、前著とは少し角度を変えて説明しよう。

━━ 予想外の出会いを起こす

オフィスをクリエイティブな「場」にするために押さえておきたい、基本的な概念のひとつめは、**セレンディピティ**だ。

セレンディピティとは、**偶然に、思いがけない幸運な発見をすることで**ある。たとえば、多くの人々を感染症から救った抗生物質のペニシリンは、ブドウ球菌の培養実験の失敗から、思いがけない形で発見されたが、このような偶然はセレンディピティの典型だといえる。

いつも同じことをして、同じことを考えているだけでは、ひらめきが生まれにくくなる。思いもしなかった新しいアイデアは、**偶然の、予想外の出会い**から出てくることが多い。これは、新しい商品やサービスを作り出すためには欠かせないものだ。

研究室や技術開発部門だけの話ではない。会社の社員が集まるオフィスにおいても、次の🅐と🅑のうち、どちらから新しいアイデアが生まれやすいかは、いうまでもないだろう。

> 🅐いつも同じデスクに座って、そこから動くのはトイレのときくらい。周囲にいる同僚や上司も、いつも同じ顔ぶれ。
>
> 🅑仕事の種類によって、共同スペースなど多様な場所が用意されている。よその部署のメンバーとも顔を合わせ、ちょっとした立ち話になることも多い。

となると、作るべきは、**放っておくと会うこともないようなメンバーどうしが、ランダムにエンカウントしてしまうオフィス**である。

偶然の鉢合わせから、何気ない会話が生まれ、その内容が互いを刺激して、新しいアイデアにつながるのだ。

■■ 暗黙知を形式知に

オフィスを創造の「場」として機能させるための考え方のふたつめは、一橋大学名誉教授の野中郁次郎によって提唱された、知的創造理論 **SECI モデル**である。これは、Ⓐ**暗黙知**（客観的な形で表現されにくい知識や技術）をⒷ**形式知**（客観的な形で表現された知識や技術）に変換するプロセスの理論だ。

だれしも仕事の中で、「自分は身につけているけれども、他人に言葉で説明するのは難しい」といった知識や技術をもっているのではないだろうか。それがⒶ暗黙知である。

暗黙知によって効率的に仕事をこなせる人もいるが、会社のメンバーそれぞれが自分の暗黙知を抱えているだけでは、各自の負担が増えたり、トラブルの種になったりすることも少なくない。多くのメンバーが仕事を共有する会社においては、できるだけ、Ⓐ暗黙知をⒷ形式知にしておくことが望ましい。そのときの手順として、SECI モデルが使えるわけだ。

■■ 4つのステップ

SECI モデルのプロセスは、❶共同化、❷表出化、❸連結化、❹内面化という4つのステップで構成される。

❶**共同化**とは、共同作業などの経験を通して、Ⓐ暗黙知を他人と共有するプロセスである。たとえば、先輩社員と後輩社員がチームを組んで同じ仕事をすることで、先輩のノウハウが、後輩に受け渡される。しかし、このとき共有されたノウハウは、あくまでまだ暗黙知のままである。つまり、この段階ではそのノウハウは、「経験を共有していない人にも伝わる、客観的な言葉」にされたわけではない。

そこで次に、ノウハウを客観的な言葉に整理してⒷ形式知とする、❷**表**

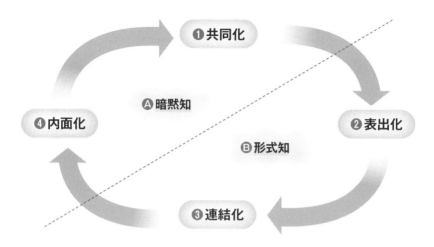

出化のステップがくる。たとえば、後輩社員が部署内のミーティングで「先輩と共同で行った作業について」といった報告を行ったり、レポートにして提出したりするのである。

　こうして個々のノウハウが言葉にされ、多くの人と共有されやすくなると、いくつものノウハウを組み合わせて、新しい知識を生み出すことも可能になる。これが**❸連結化**である。たとえば、ある部署が、自分たちの仕事に関してもっているノウハウに、ほかの部署のノウハウを組み合わせて、より効率化したりコストを削減したりするようなことを指す。

　こうして構築された**Ⓑ形式知**が、くり返し実践されると、いつしか「意識しなくてもできる」状態になる。つまり、**Ⓐ暗黙知**に移行するのである。たとえば、マニュアルと首っ引きでなければできなかった複雑な作業が、何も見ずにできるようになる。知識や技術が体に叩き込まれ、血肉化するこの段階は、**❹内面化**と呼ばれる。

　ノウハウを内面化したメンバーは、高度に熟練しているといえるが、そのノウハウを**Ⓐ暗黙知**のままにしていると、ほかの部署との断絶が生じたり、下の世代が育たなかったりする。そこでまた、**❶共同化**に立ち返る必要がある。**❶**〜**❹**のサイクルは、**反復されて高められていく**のだ。

　そしてこのプロセスは、**オフィスという「場」の工夫によって、促進することが可能**である。

2-03

オフィス作りの戦略

セレンディピティとSECIモデルの観点から

━━ ❶「共同化」のための戦略

それでは、**セレンディピティ**と**SECIモデル**の考え方を取り入れたオフィス作りの戦略を、実践的に見ていこう。

まずは、メンバーがオフィスに集まったときに、**メンバー間で「ちょっとした会話」を成立させる**ことを考える。

大半はほんの短いあいさつ程度だろうが、普段はふれないような話題にふれて、セレンディピティにつながることもある。

また、「お互いが何をしているのか」「別の部署のメンバーが何を考えているのか」を、肌で感じるきっかけになることもある。これはSECIモデルの❶共同化に相当する。

では、どうすれば「通りすがりの会話」を成立させられるのか。取り入れやすい4つのテクニックを紹介しよう。

Ⓐオフィスの「見える化」

見える化という言葉は、ビジネスのさまざまな場面で、「可視化」や「明確化」に近い意味で使われているが、オフィスの「見える化」といったときは、「壁で区切って部屋を小分けするのでなく、ワンフロアをそのまま使う」「スペースの仕切りは壁ではなく、全部素通しのガラスにする」など、直接的な意味であることが多い。

部署ごとに分かれて互いの姿が見えないオフィスに比べて、「ちょっとした会話」が発生しやすくなるといえる。

Ⓑ内階段

複数のフロアを使うオフィスで、**内階段**がない場合、ほかの階に行くには、いったんエレベーターホールに出て、エレベーターに乗らなければな

らない。5階も10階も移動するのならば仕方ないが、1階や2階くらいならば、歩いたほうが早いし面倒がない。

そこで内階段をつけると、メンバーが階をまたいで動き回るようになる。その結果、階段での出会いが生まれ、別の部署のメンバーとの間に「ちょっとした会話」が発生するわけである。

⒞ 配置による動線の工夫

部署やデスクの配置を工夫することで、メンバーの動線を調整し、エンカウントを作り出すこともできる。

たとえば、「外に出ることの多い営業部は出入り口近くに、開発部は奥まった場所に」という配置を採用している会社は多いだろう。しかし、これを**あえて逆にしてみる**のも手だ。

営業部員が出入りするときに、開発部員が声をかけやすくなり、そこで生まれる会話から、開発部員は「消費者はどんな商品をほしがっているか」「自分たちが世に出した商品の評判はどうか」といった情報を得ることができるのである。

デスクの配置をバラバラにすることもできる。部署ごとに「島」にしたり、一列に並べたりといった、決まりきったレイアウトにしなければならない理由はない。

コピー機やカフェコーナーなど、通常は隅に配置しがちなものを、フロアの真ん中など、メインの動線の上に置く手もある。さまざまな部署の人がそこで接触し、「ちょっとした会話」が生まれる。

⒟ フリーアドレス

個々のメンバーに決まったデスクを割り当てず、その都度好きな席を使えるようにする方式が、**フリーアドレス**である。日々違う相手と隣り合ったり向かい合ったりして、ふとしたきっかけから「ちょっとした会話」も生まれやすい。

近年は、フリーアドレスを導入する会社が増えてきている。68ページからのコラムでくわしく紹介しよう。

さらに、「ちょっとした会話」から一歩踏み込んで、**少しじっくりと交流できる「場」を作る**ことを考えよう。SECI モデルでいうと、❶**共同化**をさらに推し進めるようなイメージである。

Ⓔ マグネットポイント

Ⓒ で紹介した「隅に置きがちなコピー機などを、あえてメインの動線の上に置く」という方法を、さらにひと工夫してみよう。

コピー機が何台もあるならば、**分散させずに、1か所にまとめてしまう**のだ。

ゴミ箱でも同じことができる。また、通常ならば個人ごとにもつような事務用品（ハサミ、ステープラーなど）を共用にして、やはり1か所に集めるのもいい。

このようにコピー機、ゴミ箱、共用品が1か所に集められると、その場所には、まるで磁石に吸い寄せられるかのように人が集まる。こういった場所は**マグネットポイント**と呼ばれる。

「いちいちそこに行かなければゴミを捨てられない」など、多少不便に感じるだろうが、その不便さが、メンバーの動きを生み、「偶然交わる場」を作り出すのである。

そのマグネットポイントに、たとえば掲示板を設置しておけば、人がそこにとどまる時間が長くなるうえに、その掲示から共通の話題が見つかる可能性も高くなる。

Ⓕ 置き菓子コーナー

この数年、「オフィスファミマ」や「オフィスグリコ」といった、会社内の**置き菓子サービス**が普及してきた。専用の棚などに、100〜200円程度の値段のお菓子を置いている無人販売である。定期的にサービス側のスタッフが訪れ、商品を補充し、代金を回収していく。

このサービスを導入すると、置き菓子コーナーに立ち寄るメンバーの間で、会話が始まることが期待できる。そこにイスとテーブルを置くのもいいだろう。

Ⓖリフレッシュルームやカフェスペース

もっと長く、リラックスした交流を発生させるような「場」を用意することもできる。具体的には、メンバーが仕事の合間の息抜きに使う、**リフレッシュルーム**や**カフェスペース**である。

コーヒーサーバー、ジュース類の自動販売機などを設置するだけでなく、新聞・雑誌なども置いておくと、メンバーの滞在時間が長くなる。この滞在時間の長さがポイントである。滞在時間が長いほど、交流が生まれる可能性が高まり、共同化が推進される。

「リビングルームのような快適な空間」をイメージして用意をすればよいだろう。**五感に作用するリラックスのための仕掛け**や、**メンバーが利用しやすくなるための仕掛け**を考えよう。

- □ 観葉植物を置く
- □ 邪魔にならない程度のBGMや自然音を流す
- □ アロマを焚く
- □ 気軽に利用できるよう、オープンなスペースにする
- □ 利用の機会が増えるよう、資料室と兼ねる

━ ❷「表出化」のための戦略

メンバーの間で「ちょっとした会話」が成立したり、「集まって交わる」ことができたりした結果、アイデアの芽が生まれたとする。

しかし、これを放っておくと、形にならないまま消えてしまうことになる。

したがって、オフィスをクリエイティブな「場」にするには、メンバーが**暗黙知**を**形式知**に変えていけるように、SECIモデルの❷**表出化**が起こる仕掛けを用意する必要がある。

それはつまり、「メンバーがちょっとしたアイデアを、気軽にだれかと話し合えるようなスペース」を設けておくということである。

そのようなスペースを、**ちょいミーティングスペース**と呼ぶことにしよ

う。

通常のミーティングを行うとなると、「会議室を確保しなければ」「資料も用意しなければ」と、どうしても格式張ったものになりがちだ。会議室を取る段階で、ほかの部署とバッティングすることもある。

しかし、たとえば通路に沿って、2〜4人が使える程度のテーブルとイスが置かれた「ちょいミーティングスペース」がたくさん用意されていて、予約なしで利用できたら、どうだろうか。「ちょっとした思いつき」程度のきっかけで、すぐに話をすることが可能になる。アイデアの芽を言葉にして、形式知へと育てていくことができるのである。次のような工夫が考えられる。

□ できるだけ多くのスペースを用意
□ スタンディングの会議用テーブルだけでも可
□ 簡単な筆記用具を常備
□ モニターを設置しておく

❸「連結化」のための戦略

SECIモデルの❸連結化の段階では、複数の異なった知識や技術が組み合わされ、新たな知識や技術が作り出される。

会社の中で、そのようなシチュエーションとして考えられるのは、**会議**だろう。異なる立場のメンバーが、それぞれの考えを言葉にして持ち寄り、すり合わせて結論を出すわけである。

したがって、オフィスにおける連結化の「場」の代表例は、**会議室**だといえる。

会議室での連結化を促進するためには、**その会議に合ったレイアウトを選択できるようにする**とよい。テーブルやイスの作りつけは避け、その都度配置できるようにするのである。

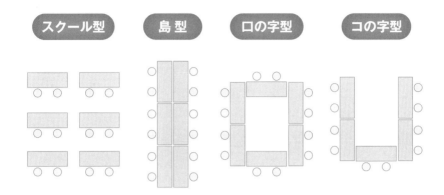

━━　❹「内 面 化」の た め の 戦 略

　SECI モデルの❹**内面化**の段階では、構築された形式知が、「意識しなく てもできる」暗黙知に変化する。この変化をもたらすのは、「体に叩き込 む」過程としての、実践の反復である。

　この実践の内容は、部署・担当によって異なるだろう。また、あるひと りのメンバーの仕事にも、「単純な作業」「集中して考えたいこと」「ほかの メンバーとコラボレーションするべきこと」など、さまざまな局面がある はずだ。

　それらをすべて同じ場所で、画一的に行わせるのは、少し無理があると いわざるをえない。**それぞれのワークシーンに応じて最適な「場」を選べ るように、多様なワークプレイスを用意しておく**ほうが、メンバーの生産 性が上がるはずである。

新時代の働き方 ABW

オフィス作りの最新ソリューションのひとつ

━━ ABWとは何か

「**多様なワークスペースを用意する**」という考え方は、現在、働き方の最先端の形のひとつとされている**ABW**につながる。

ABWとは、アクテビティ・ベースド・ワーキング（Activity-Based Working）の略で、「活動にもとづく働き方」とでも訳せばよいだろうか。**そのときどきの仕事内容に合わせて、最適な場所を自由に選べる**ようなスタイルのことである。

たとえば、集中して企画書を書きたいときは、ソロワークスペースに行ける。複数人で共同作業したいときは、それに適した場所を選べる。

オフィス内に限らず、リモートワークまで選択肢に含めることもできる。在宅勤務はもちろん、自社で所有するサテライトオフィス、契約しているコワーキングスペースや、移動の途中に立ち寄るカフェなどの中から、「そのとき、その仕事に最適な場所」をメンバーが選ぶのである。

メンバーの自由を尊重し、多様な選択肢を与えるABWは、生産性を向上させるだけでなく、メンバーの満足度を上げることにもつながる。それによって離職率が下がり、優秀な人材を確保することができる。

━━ ABW導入のために

ABWは、オフィス作りの最新ソリューションのひとつとも考えられている。ぜひ導入を検討したい。

ABWの導入を主導するべきなのは、やはり総務である。

多様なワークスペースを確保するためには、くわしい調査が必要になる。**メンバーへの聞き取り**をメインに、次のような項目をチェックしておこう。

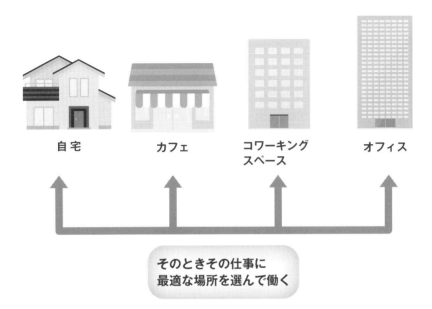

自宅　　　カフェ　　　コワーキング　　　オフィス
　　　　　　　　　　　　スペース

そのときその仕事に
最適な場所を選んで働く

☐ メンバーは１日の間にどんな行動を取っているか
☐ どんなスペースが求められているか
☐ 現状でムダになっているスペースやリソースはないか

　また、ABWでは、想定される働き方自体が、従来のものとは大きく異なる。したがって、ABWを導入するためには、会社のあり方自体をABWに見合うものに変えていかなければならない。

　まず、「メンバーが１か所でずっと働いていて、上司がそれを監視・評価する」という形ではなくなるので、**上司と部下との信頼関係**がより重要になる。勤務態度ではなく、**成果によって評価する仕組み**も構築しておく必要がある。

　また、各所に無線LANをつなげたり、モバイル端末を配布したりといった、**IT環境の整備**も重要である。

万能型オフィスから機能特化型オフィスへ

新しい時代のオフィスのあり方

━ 「オフィスがなくなる」ことはあるのか？

　ここまで紹介した、**セレンディピティ**や**SECIモデル**の考え方を活かしたオフィス作りは、近年注目され、実践されるようになっている。

　しかし一方で、**オフィス不要論**も台頭してきた。業務のIT化を進めれば、わざわざオフィスを構えなくても、メンバー各自がリモートワークで仕事を進められる。それならばオフィスをなくして、スペースの確保のためのコストや通勤のコストを省くのが得策ではないか、というわけだ（74ページのコラムでもう少しくわしく取り上げる）。このオフィス不要論が主流となり、世の中からオフィスがなくなる日は来るのだろうか。

　『月刊総務』では、2020年8月、全国の総務担当者を対象に、オフィスに関する調査を実施して、303名から回答を得た。その中で、同年の新型コロナウイルス感染症の拡大を受けて、オフィスを見直したかどうかを質問したところ、約7割が見直しを実施または検討していることがわかった。

　では、その見直しの内容はというと、右図のようになっている。「占有面積の縮小」が1位で、そのほか、レイアウトの変更に関する回答が多い。本社機能の廃止は1%強にとどまった。

　オフィスそのものをなくそうという動きは、今のところは大きくはないといえる。オフィスは存続していくだろう。

　ただし、これからの時代の主流は、従来の「万能型オフィス」ではなく、「機能特化型オフィス」になることが考えられる。

━ 万能型オフィスと機能特化型オフィス

　現在、オフィスをめぐる新しい潮流が生まれている。**万能型オフィスから機能特化型オフィスへの移行**である。

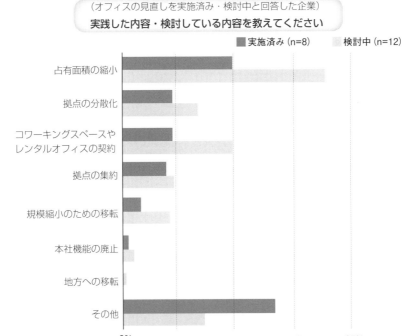

（オフィスの見直しを実施済み・検討中と回答した企業）
実践した内容・検討している内容を教えてください

■実施済み (n=8)　　■検討中 (n=12)

占有面積の縮小
拠点の分散化
コワーキングスペースや
レンタルオフィスの契約
拠点の集約
規模縮小のための移転
本社機能の廃止
地方への移転
その他

0%　　15%　　30%　　45%　　65%

　万能型オフィスとは、会社での仕事に求められるあらゆる機能が 1 か所に集約され、そこに会社のメンバーみんなが通勤してきて働くようなオフィスのあり方である。

　一方、**機能特化型オフィス**とは、その名のとおり、万能型オフィスのもつさまざまな機能の中から、特定の機能だけに特化して作られたオフィスのことだ。

　56 ページで、そのときどきの仕事内容に合わせて最適な場所を自由に選べる **ABW** を紹介した。その際、多様なスペースを提供することの重要性を述べたが、その場合も、**これからのオフィスにとって本当に必要な機能にしぼり込む**必要がある。

　では、これからのオフィスにとって本当に必要な機能とは、どういうものだろうか。

2-06

イノベーションのためのオフィス

これからのオフィスを考えるキーワード（1）

■ イノベーションとセレンディピティ

これからの時代のオフィスに求められる機能のひとつめは、**イノベーション創発**の機能である。

イノベーションとは、新しい発想や技術によって新しい価値が生み出される、クリエイティブな飛躍のことだと考えていただければよい。あるいはここでは、小さいスケールにはなるが、「新しい商品やサービスのためのアイデアを生むこと」くらいに考えたほうが、具体的にイメージしやすいかもしれない。

新しいアイデアは、多くの会社にとって必要なものである。新しい商品やサービスを生み出さなければ、顧客を惹きつけつづけるのは難しい。しかも、価値観が多様化し情報が溢れかえっている現代においては、消費者に飽きられてしまうまでのスパンが短い。

では、新しいアイデアはどこから生まれるのか。

ここで重要になってくるのが、**セレンディピティ**の考え方である（47ページ参照）。

新しいアイデアは、「生み出そう」と思って生み出せるものではない。幸運な偶然から生まれてくる。だとすると、その**幸運な偶然が起こりやすい環境を作る**ことが、新しいアイデアを収穫するためのポイントだといえる。

■ セレンディピティの場としてのオフィス

リモートワークの普及により、自宅やシェアオフィス、コワーキングスペースなどで、各メンバーが集中して仕事に取り組めるようになっている。

　そんな状況の中で、メンバーをオフィスに集めるのであれば、「ひとりで集中しているだけでは生み出せないもの」を生み出せるように、オフィス戦略を仕掛けていかなければならない。

　具体的な施策としては、50ページから紹介した、**共同化のための戦略**が使えるだろう。ここに改めてリストアップしておく。

- ☐ **オフィスの「見える化」**
- ☐ **内階段**
- ☐ **配置による動線の工夫**
- ☐ **フリーアドレス**
- ☐ **マグネットポイント**
- ☐ **置き菓子コーナー**
- ☐ **リフレッシュルームやカフェスペース**

　新しいアイデア自体は、意図的に生み出せるものではないので、「このような施策を行ったら、必ずイノベーションが生まれる」という保証はない。しかし、多様なメンバーが出会う機会が必然的に多くなるようなオフィスを作れば、新しいアイデアが生まれる確率が高くなるのは間違いない。

　Googleのオフィスは、「人を衝突させる」ということをコンセプトに設計されているといわれる。衝突したことがきっかけになって、そこに対話が生まれ、その対話の中から、新しいアイデアへの気づきが生まれるのである。

2-07

OJTのためのオフィス

これからのオフィスを考えるキーワード（2）

━━ OJTとOff-JT

　これからの時代のオフィスに求められる機能のふたつめは、**人材育成**、特に**OJT**（On-the-Job Training）である。

　OJTとは、実務を通して後輩や部下を教育・訓練していく方法だ。仕事を離れた場での座学や研修で教育する**Off-JT**（Off-the-Job Training）と並んで、人材育成の主要な方法となっている。

　OJTとOff-JTには、それぞれメリットとデメリットがある。

　教育を受ける側から見ると、OJTには、仕事内容に合った具体的で実践的な指導を受けられること、個人の成長の度合いに合わせてもらえること、教育を通して人間関係を築けることなどのメリットがある。また、教育する側や経営側から見ると、研修の場を設けるための手間やコストを省けるという利点もある。

　しかし、体系的な教え方ではないため、仕事の全貌をつかみづらい面があり、担当者によって教え方にばらつきが出てしまうことも少なくない。実務の繁忙期には、教育面がおろそかになりがちでもある。

　逆にOff-JTは、教育用に整理された内容を体系的に学べるため、仕事の全体像に対する見通しは立ちやすい。教える側も、テーマをもって計画的に指導することができる。ただし、座学などで学んだことはそのまま実務で使えるわけではないので、応用のための工夫が必要になる。

　このように、OJTとOff-JTは対照的な方法である。どちらか片方だけを採用するのではなく、組み合わせて行っていくのがよいだろう。

━━ 「場」を共有しての教育

　Off-JTについては、特に知識の習得に関するものならば、オフィスに集

	OJT 実務を通した教育	Off-JT 実務を離れた場での教育
メリット	・仕事内容に合った具体的・実践的な指導 ・個人の成長に合わせられる ・教育を通して人間関係を築ける ・研修の場を設ける手間やコストを省ける	・仕事の全体像をつかみやすい ・テーマをもって計画的に指導できる。
デメリット	・仕事の全貌をつかみづらい ・担当者によって教え方にばらつきが出る ・実際の繁盛期には教育がおろそかに	・応用のための工夫が必要になる ・研修の場を設ける必要がある

まらなくても、**eラーニング**で行うことも可能である。eラーニングとは、インターネットなどの情報技術を用いた学習のことだ。

　しかし、OJTについては、リモートでの実施には限界がある。Zoomなどのオンライン会議ツールでつながっていたとしても、オフィスで「場」を共有しているときと比べたら、指導する側もされる側も、入ってくる情報量が圧倒的に少ない。

　それに対して、オフィスで同じ「場」にいれば、教育担当者は指導する相手を監督可能な範囲に置き、ときと場合によって「注視する」「動きの全体を視界に入れておく」「あえて見ない」といったモードを使い分けながら指導していける。指導される側も、直接的に指示や注意を受けているとき以外にも、いわば先輩の背中を見ながら、体感的に学ぶことができる。

　「**オフィスはOJTを行う場である**」という明確な意識のもとに、それに合ったオフィスのあり方や施策を考えていこう。この意識を、全社で共有することも大切である。

2-08

コミュニティ意識のためのオフィス

これからのオフィスを考えるキーワード（3）

━━ 「自分はこの会社に属している」という意識

これからの時代のオフィスに求められる機能の3つめは、**コミュニティ意識の醸成**である。

つまり、オフィスに集まることによって、メンバーたちが「自分はこの会社に属しているんだ」という思いを新たにするのだ。「つながり感」の強化と呼んでもよいかもしれない。

たとえば、プロジェクトのキックオフや、「○周年」のパーティーも、コミュニティ意識を強める行事として行われる。こういったイベントは、オンラインで開催することも可能だが、メンバーどうしの心がつながるような感覚は、同じ場にいることで醸成され、強化されていく。

リモートでバラバラに働く機会が増えているからこそ、「**会社への帰属意識をどのように保持するか**」は、大きな問題になってくる。

「全員が、毎日決まった時間に通勤してくる」という体制でなくても、オフィスに集まる機会に、コミュニティ意識を感じ、共有できるようにしたいものである。

━━ JOB型雇用の進展の中で

コミュニティ意識の問題は、近年の **JOB型雇用** の進展とも大きく関連してくる。

JOB型雇用とは、仕事内容をもとに、そのためのスキルや経験をもつ人材を雇用する形態である。高度経済成長期以降、日本では「会社に就職する」という形の**メンバーシップ型雇用**が主流だったが、近年、働き方改革などの流れの中で、海外では普通に行われているJOB型雇用が注目されてきている。

　JOB型雇用はいってみれば、メンバーシップ型雇用的な「就社」ではなく、本来の「就職」である。これが一般化すると、高度なスキルをもつ者は、自らのスキルが磨かれる職場、自らの生産性が最も高まる職場を渡り歩き、価値を高めていくことになるだろう。

　これからの社会がそうなっていくのならば、優秀な人材を会社に引きとめるために、「自分はこの会社に属しているんだ」という意識を強くもってもらう必要がある。

　コミュニティ意識の醸成は、これからの時代、会社の生命線になってくるのである。

■■■ リモートワーク時代のオフィスの必要性

　ここまで見てきたように、偶然的な出会いの場、教育の場、コミュニティ意識の醸成の場という３点においては、「会社にオフィスがあること」が大きな意味をもつといえる。

　メンバーひとりひとりが仕事をするだけなら、リモートワークでもよい。したがって、オフィスはこの３点の機能に特化して存在させていくべきではないだろうか。もちろん、オフィスで仕事をしてもよいわけだが、たとえば今までのような面積は必要ないかもしれない。

　ワークスタイル改革の最大のポイントのひとつは、**多様性**である（26ページ参照）。働く場にも、多様性が求められる。

　ひとりひとりのメンバーは、「オフィスで働く」というだけでなく、在宅でのリモートワークもできる。シェアオフィスやコワーキングスペースもあるし、移動途中にカフェなどで仕事をすることもできる。さまざまな選択肢の中で、自らが最も生産性が上がる場を選べばよいだけである。

　その中において、**上記３点の機能を際立たせれば、オフィスはもっとその存在意義を増す**はずだ。リモートワーク時代に、今一度オフィスの存在意義を問い、最も効果のある場として考えたいものである。

オフィスに対するマインドを変革する

新しい働き方を実現するために

━━ 新しいオフィスの整備と意識改革

　万能型オフィスから機能特化型オフィスへの移行は、時代の流れにマッチしており、実際に少なからぬ企業で進んでいる。これが順調に進行すると、「**ソロワークや集中したい仕事やミーティングはリモートで行い、リモートではできないことをオフィスで行う**」という形が定着するだろう。

　しかし、その形は、従来の働き方とは大きく違っている。実際、社内のメンバーの意識がついてきておらず、変革がうまく進んでいないケースも多いようである。

　ワークスタイル改革を進める総務としては、新しい形態のオフィスを整備していきつつ、同時に、**メンバーのオフィスに対する意識を変えていく必要がある。**

━━ タイプ別の傾向と対策

　メンバーのマインドセットを行う際には、画一的に押しつけるのではなく、相手に合った形で対応することが有効な場合も多い。以下、大まかに傾向と対策の例を提示するので、参考にしていただきたい。

❶中間管理職

　中間管理職は、オフィス改革の抵抗勢力となることが少なくない。「従来と違った働き方になると、部下をどうマネジメントすればよいのかわからない」と考える人が多いのだ。

　組織によっては、「リモートワークに切り替えるかどうか」などの判断が、この中間管理職に任されていることもある。「準備万端整っているのに、部長ひとりの反対で、リモートワークの採用が延び延びになる」といっ

たことが起こってしまう。

　対策としては、**この中間管理職の人たちに、実際にリモートワークを体験してもらう**のがよい。総務が十分にサポートして、「お試し」でも在宅勤務やサテライトオフィスでの勤務をしてもらうのだ。「ただの食わず嫌いだった」とわかり、リモートワークのメリットに気づくことも少なくない（個人差も大きいが）。

❷システム管理担当者

　システム管理の担当部署も抵抗勢力になりがちだ。全社的に新しい働き方を採用すれば、システムの大きな変更が必要になる。システム管理の担当者の立場からすると、仕事が増えるだけでなく、新システム採用後の混乱も心配になる。総務としては、その事情を十分に理解したうえで、**外部業者も入れて担当者の負担を減らす**とか、**システム変更の準備時間を長く取る**といった具体的な手を打つとよい。

❸中高年メンバー

　社内の中高年メンバーの中には、リモートワークに必要になるZoomなどのツールの操作をなかなか覚えない人もいるかもしれない。その理由として、「デジタルツールに関することは、若手に頼めばやってもらえる」とか、「定年も近いのに新しいことを覚えるのは、見返りよりも苦労のほうが大きい」と考えている場合もある。**リモートワーク導入が本人の利益になることを説明**しつつ、**研修などを充実させる**のが現実的な対応だろう。再就職や定年延長の研修があるのならば、そのプログラムの一部にするのもいい。相談する相手や仕組みも用意しておき、近くにいる若手に負担をかけなくてすむ体制を作っておこう。

❹若手社員

　若手社員、特に新入社員は、改革の抵抗勢力になることは少ないが、人知れず悩んでストレスをためていることが多い。総務としては、特に気にかけてフォローしてあげたい。

フリーアドレスの導入

創造性を高める「場」を作る

▭ フリーアドレスとは何か

フリーアドレスとは、メンバーが個々の自席をもたず、オフィスに入るたびに使う席を決めるシステムである。メンバーはモバイルPCやスマートフォンを使って仕事をする。

思えば、従来のシステムは、毎日登校して決まった席に着く小学校や中学校と同じだ。それに対してフリーアドレスは、講義や演習の教室に入ってあいている席に座る大学のようなシステムだといえる。

51ページでも、メンバー間の偶然の出会いを生みやすいシステムとして紹介したが、フリーアドレスにはいくつかのメリットがある。と同時に、デメリットや向かないパターンもあるので、導入を検討する際には知っておきたい。

▭ フリーアドレスのメリット

フリーアドレスのメリットしては、次のようなものがある。

❶ 社内コミュニケーションの活性化

毎日座る場所が変わり、部署や部門、立場を越えた交流が可能になる。イノベーションに必要とされる「ほかの部署のメンバーとの偶発的な出会い」が促進される。また、部署を横断するプロジェクトチームで席を編成し、コラボレーションすることも容易になる。

❷ スペースコストの削減

外回りの営業部員が主体のオフィスなら、人数分の席は必要ない。フリーアドレスによって、オフィス面積を削減できる。空席が少なくなり、

稼働率の高いオフィスとなる。

　削減した座席の分のスペースをミーティングスペースにしたり、ほかの用途に活用したりすることもできる。

　さらに、メンバーの増減や部署異動があるときも、レイアウト変更や電話回線、電源、LAN 設備などの移設工事が必要なく、その分のコストが削減される。

❸ 整理整頓、ペーパーレス化の促進

　フリーアドレスでは、次に席を使う人のために、毎日の終業後にすべての荷物を片づけなければならない。このシステムを導入している企業の多くでは、仕事に使っていた道具や書類は、個人ロッカーに片づけることにしている。

　さほど大きくないロッカーに、仕事に必要なものをきっちり収納しようと思ったら、ムダなものをたくさん抱えているわけにはいかない。自然と整理整頓が進み、また、「書類を少なくしよう」という意識から、ペーパーレス化が進むことになる。

❹ メンバーの意識やメンタルの向上

　自分で目的をもってそのときどきの座席を決め、必要に応じてまわりのメンバーとコミュニケーションを取るスタイルなので、個々の**主体性**が伸びるだろうと期待できる。

　また、まわりに座るメンバーが日替わりなので、新鮮な気持ちで仕事に取り組めるというメリットもある。

🗂 フリーアドレスのデメリット

　逆に、デメリットとして考えられるのは、次のようなことである。

❶ 所属部署内のコミュニケーションの希薄化

　ほかの部署とのコミュニケーションが活性化されても、部署内のコミュ

ニケーションは、以前よりも希薄になってしまう危険性がある。部署としての集団意識が希薄になることも考えられる。

❷集中を要する作業が困難に

フリーアドレスでは、「勤務時間中に、近くの席に座る人が変わる」ということも普通に起こる。そのため、人によっては集中が妨げられることもある。

このことへの対策としては、個室や、囲われた「集中スペース」を用意するとよいだろう。

❸席の固定化

せっかくフリーアドレスを導入しても、現場のメンバーがメリットを実感しないままだと、「ここはいつも○○さんが座る席」というふうに席が固定化されてしまいかねない。

フリーアドレス導入に失敗したケースの多くは、「席に私物が置かれたまま」「特定の席に特定の社員が座る」など、結局のところ席の固定化である。

このような事態を防ぐ策としては、**フリーアドレス用の座席抽選機能のあるアプリ**などを使って、ランダムに席を決める方法がある。そういったアプリには、ほとんどの場合「その日、だれがどの席にいるのか」を表示する機能も入っていて便利である。

🗀 フリーアドレスが向いている部署

職種や業務によっても、フリーアドレスの向き、不向きがある。

外回りが多い営業部や、ほかの部署との交流によって新たなアイデアが生まれる企画部は、フリーアドレスに向いている。

一方、固定されていたほうが仕事をしやすく、またつねに重要書類を扱っている管理部門などは、不向きだといわざるをえない。

フリーアドレスのための環境作り

　フリーアドレスを導入するには、メンバーがどこでも仕事ができるようにするため、次のような設備投資も必要となる。

- ☐ モバイルPC
- ☐ 社内のネットワーク環境整備
- ☐ 社外からのネットワークアクセス整備
- ☐ 無線LAN
- ☐ 会議室のモニター、プロジェクター
- ☐ 社員カード認証式でどこからでも使えるプリンター
- ☐ 私物や仕事道具をしまう個人ロッカー

運用面が重要

　フリーアドレスは、メンバーが意味を見出せないと、かなりストレスフルな環境となる可能性がある。

　そのため、フリーアドレスを導入する際は、**使う側がそのメリットを実感できるかどうか**が重要になる。

　事前にオフィスに対するメンバーの考えをよく把握したうえで、フリーアドレスのメリットをきちんと説明しながら運用していく必要があるだろう。

　完全なフリーアドレスではない、**グループアドレス**というスタイルもある。部署ごとにエリアは決めて、そのエリア内でフリーアドレスにするスタイルである。働く場所は流動化させながら、チームとしての一体感は保つことができる。マネジメントもしやすいため、これを採用する企業も多いようだ。

COLUMN 02

サテライトオフィスの拡充

通信系大企業の事例

⌷ 自宅でもオフィスでもなく

　オフィスとリモートのハイブリッド化が進行すると、オフィスの面積を縮小する動きも出てくるだろう。

　しかし、「やはり在宅勤務だけでは、生産性が上がらない」と感じる人もいないわけではない。もし、そういうメンバーがオフィスに戻ってきたとしたら、縮小されたオフィスに入りきれなくなるような状況も起こりうる。

　その問題の解決として、今後増えてくると思われるのが、**自宅でもオフィスでもない仕事場**である。外部の提供者と契約する**コワーキングスペース**や**シェアオフィス**、自社で保有する**サテライトオフィス**を調整弁として用いるのだ。

⌷ サテライトオフィスの増設

　3万人の社員を擁する通信系の大企業の事例を紹介したい。

　この企業では、コロナ禍によるリモートワークの進展よりも前から、**働き方改革**の一環として、リモートワークを推進していた。

　すると、「家だと仕事ができない」「外出先から会社に戻らずに、近くの拠点ビルで仕事がしたい」といった声も上がってきた。

　そこで、各拠点で個別に設置していたサテライトオフィスの利用ルールを整備するとともに、新たに数多くのサテライトオフィスを開設した。設置場所としては、通勤の途中で利用できるように、あえて23区外を選んだ。そしてそれらを、全社でどこでも利用できるように整備していったのである。

　その結果、次のようなさまざまな利用の仕方が出てきた。

□出張先から近くのサテライトオフィスに立ち寄る
□台風が来るので、自宅近くのサテライトオフィスで仕事をする
□集中したいときや、子どもの送り迎えに合わせて利用する

　また、利用者からの口コミによって、多くの管理職も活用したという。
　サテライトオフィスは、多様な働く場のひとつであり、あくまで選択肢にすぎない。各自の状況に合わせて活用してもらえばよく、会社から「ここで仕事をしてください」と指示するものではない。また、リモートワークが浸透していくにつれて、リモートワークをしやすいように、各自が工夫しはじめるだろう。その**主体性**こそが大事である。
　また、リモートワークを効率的に行おうとすると、「そもそもこの仕事は必要なのか」と、仕事自体を見直すことにもなる。サテライトオフィスを利用しやすく整備すると、そうした仕事の効率化や、質の向上にもつながるのである。

分身ロボットの活用

　この企業がリモートワークを進展させるために導入したものは、ほかにもある。**分身ロボット**だ。
　カメラ、マイク、スピーカーが搭載されており、インターネットを通じて、PCやタブレット、スマートフォンから操作できる。これを自分の代わりにオフィスに置いて、職場でリアルに会話するのである。カメラを通じて印刷物も確認できる。出張中に利用する人もいるという。
　気軽なコミュニケーションも可能なので、在宅勤務者が感じる疎外感や孤独感の解消に有効だと評判である。また、自分自身の様子がオフィスのモニターに映ることはないので、プライバシーは守られる。
　今後、リモートワークと出社する人が混在する、ハイブリッド型のワークスタイルが常態化する中、リモートワーク中であっても、存在感が示され、気軽なコミュニケーションが取れる分身ロボットの活用は、ますます進展していくだろう。

オフィス不要論

オフィスについてゼロベースで考える

　私は「これからの時代にもオフィスは存続していく」と考えているが、必ずしも**オフィス不要論**を全否定しているわけではない。多様な働く「場」の中で、オフィスをひとつの選択肢としてとらえたうえで、「自社にとって、オフィスをなくしたほうがメリットが大きい」と判断できるならば、オフィスをなくすこともありうるだろう。

　オフィスについてゼロベースで、本質的に考えるため、オフィス不要論で主張される「オフィスをなくすこと」の利点を紹介しておこう。実際、オフィスをなくした企業で次のようなメリットが感じられたという。

メリット❶ 業務の効率化

　オフィスがなくなれば押印業務もできなくなるため、請求書や契約書などが徹底的に電子化され、ほとんど紙が追放される。その結果、書類の管理が容易になり、保管場所も不要になる。

メリット❷ 経費削減

　オフィスの賃貸料や光熱費、インターネット料金などが不要になり、メンバーの交通費も浮く。もちろんメンバーから見ると、在宅勤務で家の光熱費が高くなるので、その分を補填するために、給料の一律アップなどの手を打つ必要があるだろう。

メリット❸ 社員採用

　完全在宅勤務ならば、社員採用に関して地域の制約がなくなる。全国から志望者を募り、優秀な人材を採用することができる。

第 **3** 章

ピンチをチャンスに変える
ＤＸ

3-01

新時代の課題　DX

デジタル技術を駆使して競争を生き残る

━━ オフィスとリモートのハイブリッド時代へ

　第2章では、オフィス不要論も視野に入れつつ、新しい時代のオフィスのもつ意味や、特化していくべき機能について考えた。

　ワークスタイル改革の進むこれからの時代、人は多様な選択肢を手に入れ、その中のひとつとしてオフィスを活用していくだろう。「オフィスだけで働くか、オフィスをなくすか」といった二項対立ではなく、**オフィスとリモートのハイブリッド**が定着していくはずである。

　この見通しは、多くの総務担当者に共有されている。『月刊総務』が2020年8月に行った調査では、「これからの働き方はどうなると思うか？」という質問に対して、総務担当者の71.3％が「オフィスとリモートワークの融合」と答えた。「オフィスメインで働く」は25.4％、「リモートメインで働く」は3.3％の回答だった。

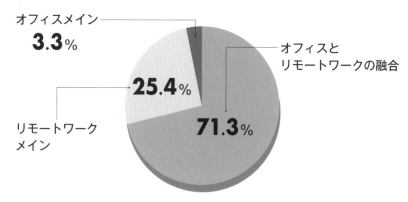

オフィスメイン
3.3%

オフィスと
リモートワークの融合

25.4%

71.3%

リモートワーク
メイン

━━ DXとは何か

　そんな情勢の中、総務が取り組むべきことに、DXがある。

　DXとは、「ITの浸透が、人々の生活をよい方向に変化させる」というこ

とを意味する概念であり、**デジタル・トランスフォーメーション**（Digital Transformation）の略である（「trans」が「X」と略されている）。2004年、スウェーデンのウメオ大学教授で情報学研究者のエリック・ストルターマンによって提唱されたといわれる。

　DXはグローバルな潮流となっており、日本でも、経済産業省が2018年に「デジタルトランスフォーメーションを推進するためのガイドライン」を公表した。その文書においては、DXに次のような定義が与えられている。

> 企業がビジネス環境の激しい変化に対応し、データとデジタル技術を活用して、顧客や社会のニーズを基に、製品やサービス、ビジネスモデルを変革するとともに、業務そのものや、組織、プロセス、企業文化・風土を変革し、競争上の優位性を確立すること。

　ここではDXが、**ビジネス環境の変化に対する適応**、および、**ビジネスにおける競争**に結びつけられている。

　注意しなければならないのは、**DXはただのIT化ではない**ということである。

　DXという言葉が出てくる前も、企業はITを活用して競争していたが、従来のIT利用は、ITを補助的な手段として用い、既存産業の効率や価値を高めることを意味していた。

　それに対して**DXでは、ITは事業の中核に置かれ、産業の構造自体を大きく変える**ことになる。この違いは非常に重要なので、覚えておいていただきたい。

　さて、これからの時代の総務は、DXに取り組まなければならない。それも、**何よりもまず総務自身のDXが必要になる**。それはなぜか、次の項目で見てみよう。

3-02

まずは総務からDXを

テクノロジーを利用して戦略総務に

━━ 単なる「テクノロジーによる効率化」ではない

総務のDXとは何か。

それはまず、「雑用」ともとらえられがちな物理的タスクが中心の総務の仕事を、デジタル技術によって効率化することとしてイメージされるだろう。たしかに総務のDXは、34ページで述べた「総務自身の業務を効率化する」というプロセスに相当する。

しかし、ここで気をつけなければならない。

情報テクノロジーによる業務の効率化自体が目的であるならば、それをわざわざDXと呼ぶ必要はない。単なるIT化である。

総務のDXは、効率化自体をめざしているわけではない。

まして、「とりあえずテクノロジーを導入すればいいか」というふうに手段を目的化するのは間違いだ。

「Digital Transformation」とは、「Transformation with Digital」のことだと私は考えている。

つまり、デジタル技術を使って変容すること。

「変容」こそがメインであり、「デジタル技術を使うこと」はそれに従属しているのだ。DXの本質は、「デジタル技術を使うこと」ではなく、「変容」にある。

とすると、DXを考えるときには、「どう変容するのか」という目的を見定めることが、何より大切になってくるだろう。

では、総務は、デジタル技術を使って業務を効率化することで、どう変容するのか。

いうまでもなく、総務はDXによって、戦略総務になるのである。それこそが、総務のDXの目的にほかならない。

つまりこういうことだ。従来の業務を、デジタル技術によって効率化す

れば、総務部内で余裕ができる。その人的・時間的なリソースを用いて、**全社のワークスタイル改革を主導していく**のである。その改革には、当然、全社のＤＸも含まれる。

■ 総 務 の デ ジ タ ル 化 の 現 状 は ？

では、現状として、総務ではどれだけＤＸが進んでいるのか。

残念ながら、非常に遅れているといわざるをえない。ひとつの指標として、「リモートワークが可能な状態になっているかどうか」を見てみよう。『月刊総務』で2021年１月、総務のリモートワークの実態を調査したところ、回答してくださった360名の総務担当者のうち、同月に出された緊急事態宣言のもとで完全リモートワークを実現できたのは、たったの3.4％だった。逆に、毎日出社していたという人は20.0％もいた。

では、なぜ出社しなければならないのか。

一番多く挙げられる理由が、**郵送物への対応**である。会社に郵送物が届いてしまうので、その中身を確認して対応しなければならないというのだ。特に、月末月初には請求書が届く。内容を確認して、経理に支払処理を依頼する必要がある。

次に多く挙げられるのが、**紙の契約書への押印**だ。内容の確認のうえ、合意のための角印、代表者印を押し、場合によっては印紙を貼り、消印、割り印の処理をして、一部を先方に返送する。

これらに、**代表電話への対応**を加えると、総務のリモート化を阻む**三大課題**となる。

このように、多くの企業の総務で完全テレワークが実現していないのは、アナログな形態で対応しなければならないもののやり取りが多いからである。つまり、**デジタル化の遅れ**が、ここに如実に表れているといわざるをえない。

3-03

総務のタスク分解

手放せる業務は手放すのがポイント

■■ 業務の可視化から振り分けへ

総務のDXは、どのように進めていくか。

最初に必要なのは、**全業務の可視化**である。

総務が行っているあらゆる業務を洗い出し、それぞれの業務について、次の3点を問い直すのだ。

- ☐ **目的**（何のために行うのか）
- ☐ **価値**（どれだけのメリットがあるのか）
- ☐ **必要性**（本当に行わなければならないのか）

これをもとに、「**やめる、減らす、変える**」を検討する。

つまり、必要性がないと判断できる業務は「やめる」。減らしてもよさそうなものは「減らす」。そのうえで残った業務については、**「だれがやるか」の振り分けを「変える」** ことを考えよう。

■■ テクノロジーに任せられることはテクノロジーに

まず、**テクノロジーに任せられる業務は、わざわざ総務の人間が時間をかけてやる必要はない。**

たとえば、**RPA**の導入を検討しよう。RPAとは**ロボティック・プロセス・オートメーション**（Robotic Process Automation）の略で、PCなどを用いる事務的作業を、ソフトウエアが自動的にやってくれることである。

RPAに任せられるのは、おもに手順やルールが決まっている単純作業・反復作業だ。たとえば次のような業務は、人間が行うよりもRPAにやらせたほうが正確だろう。

□ データ収集

□ データ入力

□ 数値のチェック

□ 入金・支払いなどの確認

□ 見積書・伝票・請求書などの作成

□ 勤怠チェック

RPAと **AI**（Artificial Intelligence、人工知能）と連携させられれば、より高度なデータ処理なども可能になる。

RPAを使うメリットは、**正確に作業を実施できる**こと、**作業スピードが速い**こと、**休まずに作業を続けられる**ことだ。しかし、**アクシデントに弱く、あらかじめ命令されていたことしかできない**のが弱みになる。

このような向き不向きを知ったうえで、RPAに任せられる業務は任せてしまおう。たとえば、大量のデータ入力を人間が行うと、ミスもするし、モチベーションもなかなか上がらない。そんなホワイトカラーを助けるためにRPAがあるのだ。96ページ、および100ページのコラムで、活用事例を紹介する。

ほかに、総務にとって利用しがいのあるテクノロジーとしては、**AIチャットボット**がある。これは、人工知能を使った自動会話プログラムで、問い合わせに応対してくれる。98ページと100ページのコラムで、活用事例を紹介するので、参考にしていただきたい。

━━ ＢＰＯできることはＢＰＯに

業務の「だれがやるか」の振り分けでは、テクノロジーには任せられず、人がやらなければならないタスクも出てくる。しかしそれも、これまでどおり総務のメンバーがやらなければならないわけではない。**BPO**という選択肢がある。

BPOとは**ビジネス・プロセス・アウトソーシング**（Business Process Outsourcing）の略で、外部委託を意味する。ある仕事を、専門性の高い外部

スタッフに任せることだ。

　総務が、ある業務をBPOしようかと考えているとする。一般に、外部委託を検討されるような業務は、当人にとって重要性の比較的低い**ノンコア業務**だろう。一方で、委託される側にとっては、その業務こそが専門的な**コア業務**なので、そこに投資もするし、スキルも高めている。したがって、その業務はBPOされたほうが、効率よく高いクオリティで遂行されるだろうと期待できる。

　また、専門知識やスキルをもつスタッフが業務を担当するので、法改正への対応や最新テクノロジーの導入なども可能となり、安全性の面でも信頼できる。

　ただし、BPOにもデメリットがないわけではない。

　まず、業務を自社でコントロールできなくなる危険性がある。

　業務を丸投げしてしまい、その業務に精通したメンバーが異動などでいなくなると、アウトソーシングした業務の中身がわからなくなり、ブラックボックス化してしまうこともある。委託しても、しっかりと管理できる体制が必要になる。

　また、内部メンバーが担当しているなら対応できることも、委託先の営業時間などによっては、急ぎの対応ができない場合がありうる。

　そして、外部の人間に任せるわけなので、どうしても情報漏洩などのリスクが高まってしまう。

　BPOの可能性を考える際は、このようなデメリットも考慮に入れるべきだろう。

━━ BPOの注意点

　BPOを行い、継続するときのポイントは、BPOの委託先に対して、**パートナーとしてのリスペクト**を十分に示すことだ。敬意をもって対等に扱われることで、委託先も自然と、質の高い仕事をするものである。

　それと同時に、**委託先企業を厳正に評価し、適度な緊張感を維持する**ことも必要になる。

　委託先のスタッフを管理できる、業務に精通した人材を、内部に育成することも欠かせない。この変化の激しい時代に、「一度委託したら、内容はずっとそのまま」ということはありえない。環境の変化に応じて、業務の内容も変わる。その指示は、内部のメンバーが的確に出さなければならないのである。

　また、すぐれた総務は、委託先に対して**「こうしてください」という限定的な指示はしない**。指示してしまったら、それ以上の知見は引き出せないからだ。「こうしたいんですが、どうでしょうか」と問いかけ、プロとしての知見を引き出すのがポイントである。

■　DXとBPOを両輪に

　このように、**タスク分解**からのDXとBPOは、総務の負担を軽減するための両輪である。

　これまで総務の内部メンバーが自分の手で行ってきたことを、テクノロジーに任せたり、外部スタッフに任せたりできれば、その分、総務に「あいた時間」というリソースができる。

　大事なのは、そのリソースを何に使うかである。

　今のところ、人間のように「考えること」は、AIにはできない。また、自社のことを外部スタッフに切実に考えてもらうこともできない。総務が「あいた時間」に行うべきは、**会社のことを考え、戦略を練る**ことだ。そして全社のワークスタイル改革を遂行していくのである。

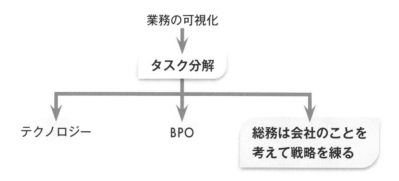

3-04

総務のDXはペーパーレスから

フルリモートへの第一歩

━━ 総務のフルリモートのカギはペーパーレス

　総務は、会社全体の**ワークスタイル改革**をなしとげるために、まずは総務自身からワークスタイル改革を遂行しなければならない（34ページ参照）。そういう意味で、総務のDXは、**会社全体のDXの先駆け、試金石としての役割**をもっているともいえる。

　デジタル技術によって会社全体を「リモートワーク可能な状況」にもっていくためには、**総務もフルリモートが可能になる必要がある。**

　現状、総務のフルリモート化を阻んでいる大きな要因は、79ページでも取り上げた次の**三大課題**であるように見える。

> Ⓐ 郵送物への対応
> Ⓑ 紙の契約書への押印
> Ⓒ 代表電話への対応

　しかしじつは、これらの問題に対処する前に、やっておかなければならないことがある。

　私の知る限り、三大課題を解決できている企業は、それ以前に、**ペーパーレス**を実現している。業務に必要な書類を電子化しているのだ。内部でのペーパーレスができていなければ、外部との接点で生じる三大課題など、とても解決できない。

━━ どうやって紙の書類をなくすか

　では、どのようにしてペーパーレスを実現するか。必要な準備を紹介しよう。

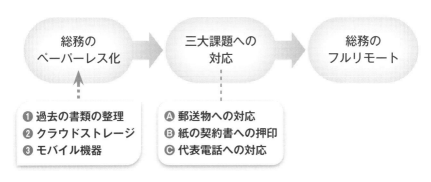

❶過去の書類の整理

　これまでにたまっている書類を、すべて棚卸しよう。

　紙の書類については、不要なものは廃棄し、必要なものはスキャンしてデジタルデータに変換する。

　すでにデジタルデータ化されている書類も、保存するフォルダを階層的に整理したり、検索しやすいようにファイル名を変更したりする必要がある。

❷クラウドストレージ

　デジタルデータ化された書類は、各自のPCだけに入れているのでは、使い勝手もよくないし、何らかのトラブルで消えてしまう危険性がある。ほかのメンバーとの共有のためにも、インターネット上のクラウドストレージに保存するのがよい。

　さまざまなサービスがあり、それぞれ料金や機能が違う。ビジネス上の秘密も保存することになるので、セキュリティー重視で選ぶ必要があるだろう。

❸モバイル機器

　書類を紙ではなくデータでもつことになったわけだから、そのデータを見るためのスマートフォン、タブレット端末、ノートPCが必要になる。持ち歩き用にはスマートフォンやタブレット端末、オフィス作業用にはノートPCといったように、必要なものが1種類だけとは限らない。

三大課題への対応

総務のペーパーレスが実現したら、**フルリモートへの三大課題**を解決しよう。総務のリモート化を実現している企業の取り組みを参考に、具体的な方法を紹介する。

Ⓐ郵送物への対応

じつは、物理的に送られてくる郵送物への対応が、三大課題の中で最も難しい。総務のリモート化に成功している企業でも、これだけは人力で対応している。出社しているほかの部署のメンバーと連絡を取って、届いている郵送物を開封してもらい、関係者に連絡し、対応の指示をあおいで処理しているという。

ただ最近は、会社に届くすべての郵送物をデータ化して、しかるべき担当部門に送付してくれるサービスも存在する。導入できるかどうかチェックする価値はあるだろう。

Ⓑ紙の契約書への押印

ペーパーレスを実現していれば、紙の契約書への押印の問題は、**電子押印**の導入によって解決する。**電子印鑑**を作成して、PC上で押印するのである。電子印鑑を登録して電子証明書を発行すれば、実印と同様に、法的効力が認められるようになる。

Ⓒ代表電話への対応

代表の電話番号にかかってくる電話については、**電話転送サービス**を使えば、社用携帯電話などでも対応が可能になる。さまざまなサービスがあるので、機能と料金を見て選ぼう。

━━ トラブルへの対処法はあらかじめ共有

このように、三大課題はテクノロジーを使うことで対処できる。しかしそれ以上に、「何かあるといけないから、総務はオフィスにいてくれないと困る」という社内の認識が、総務のリモート化を阻んでいる実態もある。その「何か」とはどういうことなのか、必ずしも明確ではないが、トラブルや機器の故障といったイメージだろう。

だとしたら、**想定されるトラブルやリスクをあらかじめ想定し尽くして、対応法を社内で共有しておく**ことも可能だ。

総務への問い合わせが想定されるものをすべて洗い出し、メニュー表やFAQとして社内のイントラ（内部ネットワーク）に掲載して、メンバーが調べて対応できるようにするのである。そのほうがむしろ、いちいち総務に連絡しなくてすむので、早く処理できる。

━━ ピンチをチャンスに変える

感染症のパンデミック（世界的な大流行）は、今回限りではないということを忘れてはいけない。専門家の中には、5年おきくらいで次々に感染症が流行すると警鐘を鳴らす人もいる。さらに恐ろしいウイルスが出現する可能性も指摘されている。

不安をあおるつもりはないが、次に同様のパンデミックが到来したときに、もしフルリモートが可能な体制ができていなかったら、「なぜ、2020年代初頭の新型コロナウイルスの際に対応しておかなかったんだ！」とあわてふためくことになる。

新型コロナウイルス感染症によって、社会は大きなダメージを受けた。その事実は重く、なかったことにすることはできない。しかし、今後のことを考えるとき、私たちは、この災難をチャンスに変えていくべきなのではないだろうか。

この機会に、総務のリモート化を必ず実現しなければならない。次に備えてDXを進め、ペーパーレスとフルリモートをなしとげておこう。

3-06

全社のDXをサポートする

内部の体制の整備と外部との連携

■ 総務こそ陰の主役

総務のフルリモートが実現し、DXによって人手と時間のリソースを作り出すことに成功したら、会社全体のワークスタイル改革の一環として、**全社のDXをサポート**したい。

全社のDXを推し進めるには、**CDO**（**最高デジタル責任者**）と呼ばれる責任者を置いて、専門組織を用意するのが望ましい。その組織が**情報システム部門**と連携しながら、DXを推進するのだ。

その場合、**DXの専門組織と、ほかのさまざまな部署とをつなぐ役割**を果たすのが、総務である。

まったく新しい考え方やノウハウを、全社に行き渡らせようというときに、総務の力が必要になるのである。

また、総務が最初にDXに成功していれば、**その成功事例は、全社でのDX推進に必ず役立つ**。記録を整理し、ほかの部署に参照してもらえるようにするとよい。

総務は、会社全体のDXの、陰の主役ともいえるのである。

■ DX推進に必要な人材とは

独立行政法人情報処理推進機構は2019年、「デジタル・トランスフォーメーション推進人材の機能と役割のあり方に関する調査」を実施している。

その中で大きな課題のひとつとされているのが、**DXを推進する人材の育成**である。

上記調査においては、6種類の人材が、DXを推進するのに必要だということで挙げられている。以下で紹介するので、DXの体制を整えるときの参考にしていただきたい。

❶ プロデューサー

これは、DXの実現を主導する、リーダー格の人材である（CDOも含む）。ほかの部署や外部のビジネスパートナー、顧客などとよい関係を築きながら、DXのすべてのプロセスを統括することになる。

専門的な事柄への知識だけでなく、自社のビジネスや組織に対する深い理解ももっていないと務まらないため、既存の人材の中から候補者を見つけて育成するのが合理的であるといえる。

❷ ビジネスデザイナー

これは、DXとその先にあるビジネスの企画・立案・推進などを担う人材である。市場のニーズを汲み取って、ビジネスやサービスを考える。そしてほかの部署やビジネスパートナーとともに、魅力的な企画に育てていくのである。

この仕事には、企画、営業、マーケティングなど、もともとあるほかの部門のスキルを用いることができる。そのため、やはり既存の人材の中から育成できるだろう。

❸ アーキテクト

これは、DXやデジタルビジネスに関するシステムを設計できる人材である。

情報システム部門にいる既存の人材を用いることも可能だが、外部から技術の高い人材を獲得してこの役割を果たしてもらうのもよい。

❹ データサイエンティスト／AIエンジニア

これは、DXに関するデジタル技術や、データ解析に精通した人材である。ここでの「デジタル技術」は、AIやIoTなどを指す。

少し補足説明をしておこう。IoTとは**インターネット・オブ・シングス**（Internet of Things）の略で、**モノのインターネット**と訳されることも多い。これは、私たちの身のまわりのさまざまなモノが、インターネットに接続されるテクノロジーである。今後、住宅、自動車、公共交通機関、街中の

さまざまな設備などがインターネットにつながっていくことが期待されている。

　IoTにおいて重要なのは、モノがセンサーとなって絶えずデータを収集し、インターネット上に蓄積していくことである。こうして集められたデータは、一般的なデータ処理ソフトウエアでは処理しきれないほど膨大になることがあり、そのようなデータは**ビッグデータ**と呼ばれる。ビッグデータの分析には、AIが非常に有用である。

　データサイエンティストやAIエンジニアは、最近生まれた新しい職種であり、社内の既存の人材から育成するのは難しいかもしれない。新卒・中途採用で確保するのがよいだろう。

❺ UX デザイナー

　これは、DXやデジタルビジネスに関するシステムの、ユーザー向けデザインを担当する人材である。つまりはユーザー・インターフェースをデザインする仕事であり、一般的にWebデザイナーと呼ばれる職種とほぼ同じだと考えてよい。

　技術専門職としての性格が強いため、中途採用などで人材を確保することができる。また、ビジネスパートナーにこの仕事を任せるのも手である。

❻ エンジニア／プログラマ

　これは、上記❶〜❺以外に、デジタルシステムの実装やインフラ構築などを担う人材である。いわゆるITエンジニアに相当するといえるだろう。

　情報システム部門にいる既存の人材から育成することもできるし、外部のビジネスパートナーにこの業務を委託することもできる。

　また、これからDXを推進していくためには、専門スキルを重視した**JOB型雇用**（64ページ参照）の拡大を検討することも重要である。**評価や教育・学習の仕組み**も整備したい。

━━ 外部との連携

　ここまでですでに外部のビジネスパートナーの話が出てきていることからもわかるとおり、DX推進の際には、**外部の機関の協力を得る**という選択肢もある。

　その際、総務が間に入ることも、十分考えられるだろう。

　情報処理推進機構による「デジタル・トランスフォーメーション推進人材の機能と役割のあり方に関する調査」の調査結果を参考に、外部との連携についても述べておこう。

　連携のあり方としては、**業務提携**や**業務委託**がイメージしやすいだろうが、**共同出資**や**資本提携**なども選択肢になる。また、社内と社外の境界をなくして情報を組み合わせる**オープンイノベーション**の可能性もある。

　連携する相手としては、次のようなものが考えられる。

> □ ITベンダー・コンサル企業
> □ 大学・研究機関
> □ 技術系のベンチャー企業
> □ 異業種企業
> □ 同業他社
> □ デジタル専門企業

　体制の変革は簡単には達成されない。外部の組織から、技術やノウハウなどの提供を受ける必要が出てくることもあるだろう。そのとき、よいパートナーシップを築くために、総務が動くのだ。つねに外部との接点を保持してきた総務だからこそできる仕事である。

電子契約導入のコツ

電子化のために押さえておきたいこと（1）

━━ プロセス❶ 調査と根回し

ここでは、電子契約を導入するためのコツを、順を追って紹介したい。

突然「これからは契約は電子化します」と、「決定事項」として現場に伝えたら、反発を受けるだろう。導入前に、調査と根回しを行うのが重要だ。現場のメンバーに、「電子契約を導入することになったら、どんなところに不安を感じそうですか？」といった質問をしていくのである。

━━ プロセス❷ 必要に応じて研修を行う

事前調査の結果、必要性を感じたら、電子契約に関する研修なども用意しよう。社内から講師を選ぶなら、法務担当者でITにもくわしい人が候補になる。社外から講師を呼ぶなら、やはりITにくわしい弁護士がよい。

また、手軽な研修を選ぶのであれば、多くの業者がオンラインセミナーを用意している。サテライトオフィスや在宅で勤務しているメンバーも受けやすいという、オンラインならではのメリットもある。

事前の根回しのときでも、研修のときでもよいが、**電子契約のメリット**について、十分に説明しておこう。と同時に、**注意点**についても理解を得ておくことが重要である。

━━ プロセス❸ 最初は範囲を限定する

最初から全社的に、かつ多くの種類の契約書を電子化しようとすると、混乱が起こる可能性がある。不安があるなら、たとえば最初は**雇用契約書**だけに限定して電子化してみてはどうだろうか。内容が画一的であるため、最初の電子化の有力な候補となる。

また、**自社の関連企業との間の契約書**に限定するのも手だ。

とにかく、最初は小さい範囲にしぼっておけば、リスクも抑えられるし、契約書の管理担当者に慣れてもらうこともできる。

━━ プロセス❹ マニュアルとテンプレートを用意する

契約にかかわるすべてのメンバーが、電子契約に精通するようにならなければならない。**PCやデジタルが苦手なメンバーも想定して、わかりやすいマニュアルを作る**ことが必須である。

契約を結び、契約書が完成したあとのフローもマニュアル化しておきたい。見積書や請求書なら、担当者のみで完結することも少なくないが、契約書の中には、法務部長や社長の承認が必要になるものもある。契約を結んだあとの契約書がどういった順で社内を動き、最後はどう保存されるのかまでカバーしたい。とにかく「手取り足取り」レベルのマニュアルを作っておくことが、リスクを避けることに必ず役立つ。

また、契約書・見積書・注文書・請求書などのテンプレートも、この際ひととおり整理し、実際の書き方のサンプルもつけておこう。

━━ プロセス❺ フォロー体制を作る

電子契約が導入されたあとのために、**社内の相談窓口**も用意しておこう。そこに寄せられた相談内容はデータベース化し、いつでもメンバーが参考にできるようにする。そうしたほうがメンバーの役に立つだけでなく、相談窓口の負担も軽減される。

━━ プロセス❻ 導入した効果を周知する

実際に電子契約を導入したあとは、その効果を社内報などで周知しよう。効果が上がっていることがわかれば、メンバーのモチベーションも上がる。

━━ 基本的な注意点は電子契約と同じ

79ページで紹介した『月刊総務』2021年1月の調査で、リモートワークで役立ったITツールについて質問したところ、オンライン会議ツールとビジネスチャットに次いで多かったのが、稟議申請などに用いる**電子決裁ツール**だった。

普通、稟議では、担当者による提案書類が関係者の間で回され、押印によって各自の承認の意が示される。これがデジタルツールによって電子化されるのだ。

決裁の電子化でも、導入へのステップに関する基本的な注意点は、電子契約の場合と同じである。

☐ 調査と根回し
☐ 必要に応じて研修を行う
☐ 最初は範囲を限定する
☐ マニュアルとテンプレートを用意する
☐ フォロー体制を作る
☐ 導入した効果を周知する

━━ 電子決裁ツールの選び方

難しいのは、電子決裁のためのツールの選び方だろう。

多くのツールが存在しており、合う合わないがあって難しい。厳しい目で選んで、実際に使ってみたあと、もし合わなかったら変えてみるのもいいかもしれない。

以下、チェックしておくべきポイントを挙げていく。

❶ システムのタイプ

会社で使われるほかのIT関連のシステムと同じだが、**オンプレミス型**と**クラウド型**の2種類がある。

オンプレミス型は、自社でサーバーをもってその中にツールを入れておくタイプである。導入の際の初期コストがかかり、セキュリティ対策やメンテナンスを自分たちで行わなければならない手間もあるが、その分、社内のシステムとの連携などをカスタマイズできる。

クラウド型は、サービスを提供する業者と契約して、インターネット経由でツールを利用するタイプである。比較的コストが低く、すぐに始められる。近年はクラウド型の発達がめざましく、カスタマイズの幅も広がっている。

❷ 社内のシステムとの連携

カスタマイズの話とも関連性が高いが、社内のほかのシステムとの連携も重要である。互いにデータをやり取りできなければ、使うときの手間が大きくなる。

❸ 操作性

「必要な性能が入っているか」はもちろん重要だが、「性能が高ければ高いほどよい」というわけではない。いくら高性能でも、使い勝手が悪いと、メンバーが使いこなすことができなくなってしまう。

特に大事なのは、**デジタルに強いメンバーでなくても、直感的に使えるかどうか**である。

「操作画面は見やすいか」「いちいちマニュアルを見なくても使えるか」「ボタンは使いやすいところにあるか」などをチェックしよう。

忘れてはいけないのが、**メンバーが実際に使う機器で検証する**ことである。機器によって、使いやすさがかなり違うケースもある。

RPAの導入

シェアードサービス会社の事例

RPAで本質的な業務改善

ソフトウエアが自動的に事務的作業を行ってくれる**RPA**（80ページ参照）の活用事例を紹介しよう。大手金融会社の総務や人事の業務を請け負う**シェアードサービス**の企業による、RPAの活用事例である。

このシェアードサービス会社は、大手金融会社で全国に分散している業務を、集中化して効率化するために設立された。しかし、特定の期限内に大量の事務処理を行う業務では、マンパワーの不足が課題となり、特に処理量が多く煩雑な業務から、RPAを導入することになった。

その業務とは、社宅手配業務である。人事異動発令の3月には、約4000件もの社宅の入居・退居の申請受付、承認、手配業務が集中する。

この業務はもともと、全国の支店で、合計100名近くの人員によって処理されていたが、このシェアードサービス会社に集められ、5人で対応することになった。短期間で4000件を処理するのは大変で、短期の派遣を入れるなどして対応していたところに、RPAが導入されたわけだ。

まずは実証実験として、全国の社宅管理業務の7割をRPAで行ってみた。すると何と、必要な人員は、RPAを操作する1名だけになったのである。このことによって、残りの人員は、問い合わせに手厚く対応できるようになった。**タスク分解**の結果、サービスの質も向上し、本質的な業務改善が達成されたのである。

業務に対する理解が重要

RPAは、該当業務の一連の流れをすべてシステム化するのではなく、一連の流れの中の一部をシステム化するようなイメージである。したがって、その前後の業務フローに変更があると、簡単にストップしてしまう。

つまり、**業務に精通していないと、RPAのシステムを作れない**。

このシェアードサービス会社では、RPAの導入にあたって、外部のベンダーに構築を依頼した。それに際しては、この社宅手配業務について理解してもらうことが、最も重要なことになる。業務のフローを可視化し、要件定義書を作成して、それをもとにじっくりとミーティングを行った。また、社内資料は細かいものまで、すべて提供した。

社内における社宅手配業務の位置づけから、会社としてやりたいこと、発生しやすいクレームまで、あらゆることを伝えて、理解してもらった。つまり、自社の社員と同じくらいの知識をもってもらったのだ。そののち、構築段階においても、何度もミーティングを行った。

特に苦労したのは、社員がケースごとに感覚的に判断してきた処理である。ロジカルな形に可視化されていなければ、RPAは組めない。

重要なのは**切り分け**である。すべてのことをRPAでやろうとせず、複雑な判断が必要になるものは、従来どおり社員が行えばよい。ただし、「これはRPAではできない」と簡単に決めつけないことも大事だ。外部の専門家に見てもらうことによって、新たな気づきを得ることも多い。

いずれは内部メンバーでRPAを組めるようになることが理想だ。最初は外部のベンダーに構築を依頼しつつ、担当者が共同作業を通じて考え方を教えてもらい、体感していくとよい。新しい考え方を身につけることは、従来とは違う観点で業務を見て、改善していくことにもつながる。

小さな成功体験を確実に作る

RPAを導入することで、大幅な省力化が実現される。そして、ひとつの業務をRPAで効率化することが可能だとわかると、「それではあの業務はどうだろうか」と、ほかの業務を検討できるようになる。ひとつの成功体験によって、マンネリ化していた業務への見方が変わってくるのである。

小さな成功体験であっても、それは最も大事な最初の一歩となる。だからこそ、**RPAを最初に導入する業務には、「導入が必ず成功する」と確信できるものを選ぶべき**だろう。

AIチャットボットの活用

BtoC企業の事例

消費者の問い合わせへの対応

ここでは、**AIチャットボット**（81ページ参照）について、BtoCの商材を扱っている2000人規模の企業の例を紹介しよう。

この企業は、事業が好調で店舗数が増え、全国に300ほどの店舗をかまえるに至ったが、各店舗からの問い合わせも増え、管理部門の業務が逼迫してしまった。

そんな中、「AIをはじめとする新しいテクノロジーを積極的に導入しよう」というトップの意向もあり、問い合わせ対応に、AIチャットボットが導入されることになったのである。

まずは、よくある質問を管理部門でリストアップしてもらい、現場の声とすり合わせて、100くらいにしぼった。

次の問題は、**同じ内容なのに表現が違う質問**だ。たとえば、「出張申請について教えて」も「出張の申請方法を聞きたい」も、知りたいことは同じである。「言い方が違っていても、同じ質問だ」と判断できるよう、AIに学習させる必要がある。

そこで、ひとつの答えに対して、それぞれ10くらいの質問パターンを想定したという。それをくり返し、正答率の精度を上げて、本番リリースにたどり着いた。

AIチャットボットは成長させるもの

公開後も、担当者は毎日、その日の回答データに目を通して、新たな質問パターンを教え込んだ。精度が上がることで、利用者も増加し、質問のデータがたまってくる。これをさらにAIチャットボットに覚えさせていくことで、管理部門への問い合わせは減っていった。

　土日も動いている現場にはたいへん喜ばれた。本社の管理部門は土日は休みであり、平日の就業時間内にしか対応できない。しかし、AIチャットボットは、24時間365日無休で対応できるからだ。

━━ キャラクターを利用

　AIチャットボットを導入している企業は多い。ほとんどの企業が苦労しているのは、AIチャットボットに学習させることではなく、AIチャットボットの**認知度**と**利用定着率**の向上である。知ってもらって、利用してもらわないことには、存在自体が無意味になってしまう。

　そこでこの会社は、**AIチャットボットのキャラクター**を作った。いわゆる「ゆるキャラ」のように親しみやすいものとして、名前もつけ、社内認知度の先導役としたのである。

　社内ポータルサイトにも、キャラクターのバナーを貼りつけ、すぐにAIチャットボットに接続できるようにした。そのキャラクターを「入社」させ、組織図にも掲載して、身近な社員としての認知を得た。さらに、「新しくこれを覚えました」という報告を定期的に発信し、キャラクターの成長をメンバー全員に応援してもらう仕掛けをしていった。

　結果、AIチャットボットのキャラクターは、本社と現場や現場どうしをつなぐ、コミュニケーションツールとしての役割も担うようになった。

━━ 自社に合った導入・運用を考える

　AIチャットボットの導入作業を外注すると、社内の共通言語や文化を知ってもらうところから始めなければならない。

　この会社では、社内のメンバーで導入に取り組んだ。そして、**自社のメンバー構成や風土・文化に親和性のあるやり方で、認知度と利用率を上げた**のが、成功の理由といえるだろう。

タスク分解からDXへ

シェアードサービス会社の事例

▭ DXによる生産性向上をめざして

　ここでは、**RPA**と**AIチャットボット**の両方を導入した企業の事例を、**タスク分解**（80ページ参照）からの流れで紹介しよう。

　取り上げるのは、あるグループに属する、人事、総務、経理、財務、情報システムなどを提供するシェアードサービス会社で、従業員規模は100名である。

　発足時から、業務の効率化は重要なテーマだった。**働き方改革**の流れもあり、経営トップは「業務の棚卸を行い、定型・非定型業務を洗い出し、それぞれについて見直し・効率化を図るように」との指示を出した。

　まさに、DXによる生産性向上の動きが開始されたのだ。その実現のために、当初から、RPAやAIチャットボットの活用がイメージされていた。しかし、それらはあくまでもツールである。まずは、**業務の棚卸表**の作成から手がつけられた。

▭ タスク分解

　業務の棚卸表は、業務を大分類、中分類、小分類に分けて書き出すわけだが、そのときのポイントは、**とりあえずざっくりと分ける**こと。あまり細かく、精緻に書き出そうとすると、時間もかかり、途中で挫折してしまいかねない。やっていることをありのままに書き出すのがコツだ。

　また、書き出されたものの中から、すべてについて検討するのではなく、業務量の多いものを選び、そのプロセスを分析した。

　同時に、何をインプットして、何をアウトプットしているのか、**イン・アウト表**を作成。そこから、「そのアウトプットは、じつは必要ではなかった」といったことも見えてきたので、なくしてよいものは随時廃止して

いった。

　ポイントは、アウトプットの**価値**と**必要性**。無価値であれば、無条件に廃止できるのだ。

　「そもそも論」で見直していけば、「じつは使っていないデータだった」とか、「そこまで精緻なデータを作らなくてもいい」とわかることは往々にしてある。今まで何も考えずに出してきたアウトプットの意味を問い直してみるのは、非常に重要なことである。

　そして、定型業務の中から、自動化可能なプロセスについてはRPAを導入。非定型業務の中で、業務ボリュームが大きいものは、AIチャットボットで対応していった。

RPA導入のポイント

　RPAを導入する際は、今ある業務をそのままRPA化するのではなく、**業務フローを見直して、分岐をできるだけ少なくする**ことが重要である。

　この会社では、RPAの勉強会を行い、業務に精通しているメンバーが自らの業務をRPA化した。業務に精通しているからこその発想によって、従来のフローにとらわれない方法で自動化を実現している。

　また、**多くの業務に共通する単純作業をRPA化する**ことで、共通部品として効率的に活用できるようにした。

AIチャットボットに必要なひと工夫

　AIチャットボットを導入するにあたっては、まず、「どのような問い合わせに対して作成するのか」を判断するために、問い合わせの履歴を残す必要がある。

　この会社では、まずは**問い合わせのデータベース**を作成していった。ここにある程度履歴が集まったところで、チャットボットの作成に取りかかった。情報システム部門から作成の仕方を教わりつつ、管理部門でAIチャットボットの質問回答表を作成し、3か月でリリースした。

　AIチャットボットで課題となるのが、**類義語への対応**である。「現場で使っている言葉」と「総務で使っている言葉」が異なる場合なども、これに含まれる。AIが類義語を判断できなかったら、回答が出てこない。

　そこで、「チャットボットで解決しなかったのは、どんなことでしたか？」というアンケートを取って、月1回アップデートしている。また、フリーワードだと難しいので、選択肢を交えながら、答えにたどり着きやすいようにしている。

　AIチャットボットは、うまく回答を出せなかったら、その次に使ってもらえない。この会社のような工夫をして、できるだけ多くの現場メンバーに使ってもらえるようにする努力が重要である。

DXの本質を見失ってはならない

　総務や人事、管理部門のDXは、業務の棚卸から始まる。ただ、この第一歩でつまずいては、もともこもない。ファーストステップでは、要は、「最初に手をつけるところ」はどこかを、ざっくりと見定めることができればよいのである。

　その「最初に手をつけるところ」をしっかり改善することで、ほかのメンバーにも、改善のイメージが見えてくる。「こうすればこんなに楽になるんだ」「効率化されるんだ」といったイメージの醸成が重要である。「やれそう、できそう、だからやってみよう」という**主体的な意志**を湧き立たせることが、DXには必要であり、その主体性がないと、創意工夫も生まれてこない。

　RPAやAIチャットボットの事例を取り上げたが、あくまでもそれらはツールである。そのツールありきで動くのではなく、「どのツールを使おうが、こうしたいんだ」という機運を作り出したい。

　くり返しになるが、DXとは、デジタル技術を使うことが目的ではない。生産性を向上させることで、時間の余裕が生まれ、本来やるべきこと、新たなチャレンジをすることが目的なのである。「**付加価値を生み出すためのDX**」という認識をもって実践していきたいものだ。

第 4 章

リモートワークと
コミュニケーション

4-01

リモートワークの制度を確立する

メンバーがリモートで働けるようにする準備（1）

■ リモートワーク増大と社内コミュニケーションの問題

先の読めないこれからの時代、総務は、会社を生き残らせ、発展させていくために、**戦略総務**にならなければならない。

その仕事の中でも、特に重要になってくるのが、**ワークスタイル改革**を主導することである（第1章）。

ワークスタイル改革によって、これからの時代の働き方は、**オフィスとリモートワークのハイブリッド**になっていくだろう（第2章）。それは、DXによってなしとげられる（第3章）。

この章では、まずは**リモートワーク体制の具体的な作り方**を見る。そのうえで、**リモートワークの割合が増えたときに、どのようにして社内のコミュニケーションを活性化させるか**という問題を考えていこう。

■ リモートワークとは何か

そもそも**リモートワーク**とは、「遠隔」を意味する「remote」と、「働く」を意味する「work」を組み合わせた言葉であり、オフィスでないところで仕事をすることを指している。IT業界などで使われてきた言葉だが、じつは、明確な定義があるわけではない。

ほぼ同義の言葉に、**テレワーク**がある。こちらは「離れて」を意味する「tel」と「work」を組み合わせた造語であり、厚生労働省の「テレワーク総合ポータルサイト」には、次のような定義が示されている。

> **情報通信技術（ICT = Information and Communication Technology）を活用**
> した時間や場所を有効に活用できる柔軟な働き方

　本書では、細かいニュアンスの違いなどは気にせず、基本的に「リモートワーク」という用語で統一することにする。すると、上記の定義からいっても、リモートワークにはさまざまな形態があることになる。自宅で仕事を行う**在宅勤務**のほか、自社のサテライトオフィスで仕事をする場合、自社で契約しているコワーキングスペースで仕事をする場合、仕事の合間や移動の途中でカフェや空港などで仕事をする場合など、リモートワークには多様な選択肢があるのだ。

■ リモートワークを制度として定める

　2020年代初頭のコロナ禍においては、急に「リモートワークを導入しなければならない」ということになり、とにかく初めてリモートワークに移行した企業も多かった。

　しかし、きちんと制度を定めておかなければトラブルのもとになる。まず必要なのは、**リモートワークを自社の制度として確定する作業**である。

　在宅勤務においては、「どのようにして誠実な就業を確保するか」「残業代トラブルを防ぐための対策をどうするか」「情報漏洩をどう防ぐか」などについて、通常の勤務とは異なる課題が生じる。

　また、**就業規則**について、勤務時間や通勤手当など、従来の規定をそのまま適用できない項目も多い。就業規則を改訂するか、就業規則とは別に「在宅勤務制度に関する就業規則」を作る必要がある。次のような項目を確認しよう。

□ リモートワークを認める条件
□ リモートワークを認める期間
□ 就業時間に関するルール
□ 就業場所に関するルール
□ 業務上の情報の取り扱いのルール
□ 在宅勤務・リモートワーク中の費用負担に関するルール
□ リモートワーク中の手当支給に関するルール

リモートワークの環境を整備する

メンバーがリモートで働けるようにする準備（2）

━ ペーパーレスの実現

制度の整備と同時に必要になるのが、**メンバーが実際にリモートで働けるような環境を整える**ことである。

この環境整備ができていないと、リモートワークは事実上不可能だ。ここでは、おもに在宅勤務を念頭に置いて考えよう。

まず実現しておかなければならないのが、第3章でも述べた**ペーパーレス**である（84ページ参照）。紙の書類を電子化するのだ。

紙の書類をベースに仕事をしていると、「必要な書類がない」となったとき、書類を取るために物理的に移動しなければならないし、どこかで紛失するリスクもある。各部署に、「デジタルデータ化した書類を、**クラウドストレージ**に収納する」という体制を作ってもらおう。

━ 情報セキュリティ

情報セキュリティの観点から、**VPN**（Virtual Private Network）での接続を徹底したい。

VPNとは、通信を暗号化する仮想専用回線のことである。これを用いれば、情報漏洩のリスクを大幅に減らすことができる。

また、各メンバーの端末に重要な情報が残ると、情報が洩れる危険性があるので、**シンクライアント**にするのが望ましい。シンクライアントとは、ほとんどの処理をサーバーで行い、端末での処理は最小限にする仕組みである。

これを実現するには、シンクライアントに適した端末を会社が用意し、貸与することが必要になる。つまり、各メンバーに「すみませんが、自分の私用端末を使って仕事をしてください」と頼むのではなく、PCやスマー

トフォンなどを会社から貸与しなければならないのである。

　その分コストもかかるが、セキュリティの面で必要なことだ。また、「私用端末で仕事をしてください」では、もともとの私用PCが仕事に適していない人などには、不当な負担をかけることになってしまう。

■ 回線容量と通信環境

　よく耳にするのが、**回線の容量**の問題である。

　リモートの全メンバーが一気に自社のサーバーにアクセスして仕事を開始すると、想定を超えたアクセス数によって、サーバーがパンクしたり、つながりにくくなったりするという事態が生じている。回線容量を増やすには、それなりのコストがかかる。アクセス制限をかけると仕事ができなくなるので、ここは慎重にコストを考えたうえで増強しておくことが必要となる。

　メンバーの自宅の通信環境にも気を配ろう。リモートワークでは、本社のシステムに接続したり、サイズの大きい資料などをアップロード・ダウンロードしたり、オンライン会議に参加したりと、あらゆることがインターネットを介して行われる。とにかく、通信環境がよくないとまったく仕事にならない。

　自宅の通信環境がよくないメンバーには、**会社から無線ルーターを貸し出す**などのケアが必要だ。貸与するスマートフォンのテザリングもあるが、相当のデータ通信量を使うので、やめたほうが無難である。

■ オンライン会議ツール

　オンライン会議のツールも、リモートワークには必須である。

　Zoomをはじめ、さまざまなツールがあるので、どれかに統一してどんどん使い、早くみんなに慣れてもらおう。オンライン会議では、発言するタイミングがつかみづらかったり、時間のラグが生じたりと、違和感を覚えることも少なくないが、慣れれば問題なく、便利に会議できるようにな

る。とにかく、ツールに慣れることが重要だ。

　オンライン会議はデータ通信量が大きくなるので、通信トラブルも起こりやすいが、よく知ったメンバーどうしで、目的が明確な会議なら、カメラを切って音声ベースで会議してもよい。

■ ビジネスチャット

　ビジネスチャットも契約しておきたい。「何かあったらメールや電話」では、コミュニケーションコストが高くなる。チャットのほうがはるかに楽にコミュニケーションが取れるし、気軽なコミュニケーションルートを構築しておかなければ、コミュニケーション不全による疎外感を覚えるメンバーも出てきてしまう。

　また、特に年次の高いメンバーが抱えがちな悩みがある。「どういう場合に、どのコミュニケーションツールを選択したらいいのかわからない」という悩みである。

　チームごとでも会社全体でも、**「どういうときはメールにし、どういうときはチャットにするか」などのガイドライン**を決めてもよいかもしれない。

　たとえば、「チーム内部の連絡は基本的にすべてチャット。ちょっとした雑談用のチャンネルも用意する。チーム外部との連絡にはメールを使う」といったルールがありうる。組織形態や仕事の内容によって最適解は違うはずなので、よい形に設定していただきたい。

■ トラブルへの対応

　PCや周辺機器は故障しやすい。デスクトップの場合、「特にメンテナンスを考えずに使いつづけていたら、本体の中にホコリがたまった」といった程度でも、調子が悪くなってしまう。無線LANルーターなども、初期不良は多いし、年単位で考えれば消耗品だともいえる。

　トラブルが起こった場合に備えて、次のような準備をしておくことが必要だろう。

□ PC やインターネット関連の相談窓口を設ける。

□「突然の故障にもあわてないための、データのバックアップ方法」
　「PC の不調から仕事がストップしてしまった場合、どう対処する
　か」など、トラブルへの対処法を説明したマニュアルを配布する。

□ いざというときのために、予備の PC やルーターなどを確保してお
　き、必要になったメンバーに送れるようにする。

リモートワーク環境を整える費用などを補助するには、社内手続きも大変だろうが、総務が主導して対応していこう。本社オフィスであれ、工場や店舗などの現場であれ、自宅の仕事スペースであれ、仕事のための環境整備は、総務の大切な仕事である。

━━ 業務の可視化はリモートワークのためにも不可欠

そして最後に、根本的なポイントを確認しておきたい。

各メンバーが、もともと「とにかくオフィスに出て、やらなければならない仕事をこなしていく」という考え方をもっていて、在宅勤務になってもそれを引きずっていたら、リモートワークはうまくいかない。

チームごとに、**すべての業務を可視化**して「だれが、何を、どのように行っているか」を明確にし、それぞれのタスクを切り出しておかないと、分散してリモートワークになったときに「穴」ができ、ちぐはぐになってしまう。

この業務の可視化は、たとえリモートワークをしなくとも、業務効率化に必ず結びつく。これまで何度も述べてきたことではあるが、**ワークスタイル改革**という大きなテーマの根幹にかかわることなので、総務が率先して行うとともに、各部署に徹底してもらうように呼びかけ、はたらきかけよう。

4-03

リモート環境でのコミュニケーションの難しさ

創造性や求心力の危機に直結

━━ コミュニケーションと創造性

　2020年代初頭のコロナ禍は、多くの会社にリモートワークへの移行を強いた。これをワークスタイル改革を推進するきっかけにしていかなければならないというのが私の考えだが、**リモート環境下でコミュニケーションの難しさが意識された**という現実も無視できない。『月刊総務』が2020年10月に行ったアンケートでは、「リモートワークで気軽なコミュニケーションが取りづらくなった」と感じている割合は72.3％にも及んでいる。

　リモートワークが増えたこと自体は、働き方の多様性が高まったことを意味していて、歓迎すべきことである。しかし、コミュニケーションという課題が浮かび上がってきた。

　ここから深く考えていくため、コミュニケーションの種類を、便宜的に3つに分けてみよう。

> Ⓐ**意図をもって始められるコミュニケーション**
> Ⓑ**意図せず何気なく始まるコミュニケーション**
> Ⓒ**まったく偶発的に始まるコミュニケーション**

　ポイントになるのは、**リアルな場を共有するかどうか**である。

　Ⓐの「意図をもって始められるコミュニケーション」は、たとえば「この情報を伝えなければ」とか「この件について意見を聞かなければ」という目的のもとに行われるやり取りである。これは、同じ場を共有しながら行われることがあるのはもちろんのこと、電話でも、メールでも、オンライン会議でも成立しうる。

　Ⓑの「意図せず何気なく始まるコミュニケーション」は、Ⓐの本題の前後に、雑談として生じることが多い。ゆえにこのコミュニケーションも、

リモートでも、リアルでも成立する。

　しかし、**C**の「まったく偶発的に始まるコミュニケーション」は、リアルな場で会わなければ、成立する可能性はほとんどない。

　そして、リモート環境下で失われる度合が一番高いのは、**C**のコミュニケーションなのだ。その次に成立しにくくなるのは**B**である。

　特に**C**のタイプの偶発的なコミュニケーションが失われるのは、会社にとって大きなマイナスになる。

　なぜなら、47ページなどで説明したとおり、**新しいアイデアは、偶然の、予想外の出会いから生まれるもの**だからだ。偶発的なコミュニケーションが不活性化すると、**セレンディピティ**が生じなくなるのである。

━━ つながりの喪失

　もうひとつ、怖い事実がある。リモートワークが推進され、上司や先輩などからの関与が激減したことで、会社とのつながりを感じづらくなり、「自分は、組織に本当に必要な人材なのか？」と悩むメンバーが、若手を中心に増えているというのである。「雑談ができない」「ちょっとした疑問をすぐに聞くことができない」といった悩みの声は多く、入社したばかりの新人などは、だれにも話しかけられず、ストレスをためてしまっている。

　中には、転職活動に走る者もいる。会社の求心力が足りないと、**一気に人材が離れていく危険性**もあるようだ。前述のアンケートでも、「会社と社員とのつながりに課題を感じている」という割合は84.2％にのぼる。

　これらが、リモートワークとともに生じかねない問題である。これらの問題を解消するために、**社内コミュニケーションの活性化**をはからなければならない。

　多くの企業で、オンライン会議の前後に雑談タイムを設けたり、オンライン会議ツールをつないだままで「いつでも話しかけられる環境」を作ったりと、さまざまな工夫がされている。そういった具体的な策も有効だろう。ただ本書ではここで、コミュニケーションの本質について、さらに掘り下げて考えてみたい。

4-04

コミュニケーションの本質に立ち返る

どんな状況でも変わらない前提とは？

━━ コミュニケーションの4原則

31ページでも述べたが、コロナ禍によって、「当たり前」だと思われていたものが意識化・対象化されるようになった。ここでのテーマであるコミュニケーションもそうである。

ここで、「そもそも、コミュニケーションとは何なのか？」という本質に立ち返って考えることは、新しいワークスタイルを構築していくにあたって、大きな意義をもつはずだ。

参考になるのは、オーストリア出身の経営思想家ピーター・ドラッカーが提唱した、コミュニケーションの4原則である。

❶コミュニケーションは知覚である
❷コミュニケーションは期待である
❸コミュニケーションは要求である
❹コミュニケーションは情報ではない

4つとも、私たちの固定観念をゆさぶり、問い直すような内容である。ひとつずつ見ていこう。

━━ 原則❶「コミュニケーションは知覚である」

❶は、情報を発信する側が一方的に「伝えた」と思っていても、受け手がそれを知覚していなかったら、コミュニケーションは成立しないということを意味している。いいかえると、コミュニケーションを成立させるのは受け手である。

このポイントを押さえていれば、総務として各部署の現場メンバーに何

かを伝えようとするときも、「まずは、わかってもらえなければ意味がない」と考えることができる。独善的な空回りをしないですむのである。

　また、「通達はちゃんと必要な人に受け取られているか」「一方的な押しつけに終わっているメッセージはないか」といった観点から、会社全体で行われているコミュニケーションを見渡してみよう。もし、コミュニケーションの不全が見つかったら、総務はその改善のために動く必要がある。

━━ 原則 ❷「コミュニケーションは期待である」

　コミュニケーション成立のカギを握る受け手は、期待の範囲外のメッセージを受け取る（知覚する）ことは難しい。 これが❷の意味である。

　したがって、相手に何かを伝えたければ、その人がどのようなことを考えていて、何を期待しているのか、よく知っておくことが大事になる。

　総務の仕事として考えると、現場に足を運ぶ**MBWA**（36ページ参照）の重要性につながる話である。

　また、この原則を肝に銘じていれば、コミュニケーションが不活性化する中、リモート環境でだれとも親密なやり取りができず孤立しているメンバーを察知し、その気持ちを汲むこともできるだろう。

━━ 原則 ❸「コミュニケーションは要求である」

　人がだれかとコミュニケーションを取ろうとするとき、その根幹には、何らかの要求があるはずだ。それは「〜してください」というふうに明示されることもあるし、直接的には示されないこともある。メッセージを送る人自身が、その要求に気づいていないことすらある。しかし、いずれにせよコミュニケーションとは、相手に何かを求めるものである。

　だからこそ、それは「押しつけ」と感じられ、不要なプレッシャーにつながってしまうこともあるのだ。

　メッセージを発するときは、相手に求めることを明確に伝えられているか、それが不当な強制になっていないか、吟味する必要がある。

　また、特に若手や新人などが、過度な要求を感じて悩んでいないか、気を配ってフォローしたい。

━━ 原則 ❹「コミュニケーションは情報ではない」

　単なる情報伝達だけならば、人間的な感情の交流は必要ない。しかし、コミュニケーションとはもっと温かい、人間的なものである。コミュニケーションは、情報と深い関連性をもつが、情報という枠に収まらないところを軽視してはいけない。これが❹の意味である。

　リモート環境下でも、電話やメール、チャット、オンライン会議ツールなどを介して、情報のやり取りはできる。しかし、それだけがコミュニケーションのすべてではない。

　ドラッカーの洞察は、現在の状況下で、いっそうアクチュアリティを増しているのではないだろうか。

━━ 最も重要な前提は「相互理解」

　こういったドラッカーの理論を踏まえて、会社におけるコミュニケーションの大前提として、私が非常に重要だと考えるのは、**メンバーの相互理解**である。

　分散してのリモートワークが中心となっている状況で、メンバーどうしがしっかりと意思疎通をはかるには、「お互いに理解し合っている」と感じられるような土壌が必要になる。

　思うに、コミュニケーションに関しては、たとえばTips的なデジタルツールの利用法などは、一定の効果は期待できるとしても、本質的な解決策にはならない。

　リモートワーク中心の働き方になったとしても崩れない、社内の相互理解の土壌を作ることが、何より大事なのだ。

　ある企業のトップは、「リモートワークに移行しても、コミュニケーションの問題は起きていない。今まで積み重ねてきたコミュニケーションの量

が、いわば貯金となっているからだ」と言った。そのようなあり方が求められているように思う。まずは、会社に「貯金」を作る。そして、リモートの比率が高まった時代の中で、この「貯金」を減らさないようにするために、コミュニケーションに関する施策を打っていけばよいのではないだろうか。

■ 相 互 認 知 か ら 相 互 理 解 へ

　相互理解のためには、その前段階として、**相互認知**が必要である。当たり前の話ではあるが、まずは「どんな人がいるのか」を知っていなければ、理解も生まれようがない。

　この点において効果を発揮するのが、**社内コミュニケーションメディア**である。「社内にこんな人がいる」「その人の得意分野は何か」「その人が好きなことは何か」といった、相互理解の前提となる情報を、次のようなメディアで広めておくのだ。

☐ 社内報
☐ Web社内報
☐ クラウドサービスで提供される人物事典
☐ 掲示板、デジタルサイネージ

　また、メンバーが毎日ではないが定期的にオフィスへやってくる、そのタイミングを大事にしたい。総務として、「三密」回避を徹底しつつ、そこで**相互理解のためのイベント**を仕掛けるのだ。つまり、機能特化型のオフィスとして、相互理解のテーマに特化する。あらかじめ築いておいた相互認知の上に、リアルのコミュニケーションを成立させ、人間関係を結ばせるのである。

　このような相互理解の構築の取り組みを、意識して実施することによって、リモート環境のもとでも、活発なコミュニケーションが発生するようになるだろう。

4-05

コミュニケーション活性化の4つのフェーズ

求心力と生産性を高めるための戦略

━━ フェーズ❶ 会話のきっかけの提供

コミュニケーションの活性化には、4つのフェーズがある。前著『経営を強くする戦略総務』などでもふれたことではあるが、重要な考え方なので、ここでもコンパクトにまとめ直しておこう。

最初のフェーズは、メンバーどうしの会話のきっかけを提供することである。具体的には、115ページで紹介した、社内メディアによる人物紹介などがこれに該当する。

たとえば社内報を作る際、「どんなことが知りたいですか？」とアンケートを取ると、「どんな部署があって、どんなメンバーがいるのかを知りたい」という要望が上位にくるものだ。そのような記事の情報は、ほかの部署の人と会話するときの糸口になる。

━━ フェーズ❷ 偶発的な出会いの仕掛け

会話のきっかけになる情報を提供したあとに効果的なのは、偶発的な出会いの場を作ってあげることである。

具体的な施策としては、第2章で、オフィス作りの工夫としてくわしく述べた。

それ以外には、社内イベントもある。キックオフのあとの懇親会や、「○周年」の行事としての社内パーティーなど、メンバーが和やかに歓談できる場を設けるのだ。久しぶりに会う同期や、いつもメールだけの間柄のメンバーと、懇親会の場で偶然出会い、話がはずむ。その会話を通じて、相互理解が深まっていく。

そんな場を数多く作ることができれば、相互理解が深まっていくだけでなく、セレンディピティにもつながり、会社の創造性が高まる。

━━ フェーズ ❸ 意図された交流の場の仕掛け

　さらに、もっと意図的に、引き合わせたいメンバーどうしをコミュニケーションの場に連れていくような仕掛けも可能である。

　たとえば**食事会**だ。仲のよい者どうしの食事代を補助するケースもあるが、「この人とこの人は、普段は話す機会もないけれど、話してみたらきっと面白いだろうし、刺激を与え合うはずだ」と思うメンバーたちをピンポイントで連れ出し、引き合わせることもできる。場合によっては、「食事をしながら、このテーマについて話してみてください」と指定してもよいかもしれない。

　ワークショップを開き、各テーブルのグルーピングを総務で決めるという手もある。そこでコミュニケーションが取れれば、その後、仕事で困ったときに相談したり、プロジェクトチームを組むときにメンバーとして呼んだりすることができるようになる。

　会話がはずむからといって、知り合いばかりを集めるのでは意味がない。可能な限り、普段会話をすることのないメンバーを組み合わせることで、その後の展開に期待するのだ。

　いずれにせよ、このフェーズでは、偶発的な出会いを待っていては出会わないようなメンバーどうしを、意図して出会わせる。そのためには、**普段のコミュニケーションの実態を把握しておく**ことが必要だ。

━━ フェーズ ❹ 変える

　最後のフェーズは、特定のメンバーのいる場を、強制的に変えてしまう施策である。**席替え**、**オフィスのレイアウト変更**、あるいは**人事異動**などだ。新たな関係性が構築され、いままでの人的ネットワークを新たな働く場に接続することも期待できる。

　どのメンバーを異動させるかによって、その効果は大きく異なる。**インフルエンサー**と呼ばれる、影響力の大きなメンバーをうまく動かせれば、さまざまな部署でのコミュニケーションの活性化が期待できる。

4-06

「会話」を生み出すためのアイデア

メンバーの交流をいかにして作り出すか

━━ 社内短期留学制度

コミュニケーションの活性化とは、「会話をいかにして生み出すか」である。生き残りと成長をめざす企業はそこに注目し、さまざまな取り組みを行っている。

ユニークなアイデアとしては、**社内短期留学制度**というものがある。ある期間（3か月から半年程度）、所属部署とは異なる部署に行き、その仕事を体験する制度である。「留学」した先で人脈ができるだけでなく、ほかの仕事を体験することで視野が広がりもする。

「留学」先から戻ったあとも情報交換を続け、何かあれば気軽に頼ることができる。「留学」した人がパイプとなって、両部署の関係を良好に保つことにもなる。

また、「留学」する人を送り出した部署では、一定期間、ひとり分「人手が足りない」状態になり、その分をほかのメンバーでカバーする必要がある。大変ではあるが、そこで**業務の効率化**が見込める。

受け入れる部署でも、まったくの初心者が入ってくるので、戦力として活躍してもらうには、仕事の意味や目的を明確に伝えなければならない。それは、**自分たちの仕事を見直すきっかけ**にもなる。場合によっては「留学」生から、新鮮なアドバイスを受けることもできるだろう。

多少の混乱はあるものの、「留学」する人も、送り出す部署も、受け入れる部署も、多くの刺激を受け取れる制度である。

━━ 社員講師による勉強会

社内大学といった名称で人材教育を行う企業が増えている。外部から専門家を招聘して勉強会や研修を開催するのではなく、社員が講師を務めて

勉強会を開く。しかも、業務に関する勉強会だけでなく、業務外のことについてもレクチャーなどを行うケースがある。

業務系の勉強会の場合、業務に関する専門知識をもつメンバーを、講師役に任命する。任命されたメンバーは、懸命に勉強会の資料作りやプレゼンの練習を行う。これは自身の成長の機会にもなる。

勉強会を社内に告知することで、「うちの会社には、このような専門家がいますよ」ということを周知することにもなる。勉強会に参加したメンバーは、勉強になると同時に、人脈を作ることもできる。

業務外の勉強会とは、たとえばプライベートでヨガをやっている人や、写真が趣味の人など、専門家顔負けのメンバーに講師役を頼み、希望者を募って開催するようなイベントである。

さまざまな部署から、興味をもって集まる参加者たちが、互いに自己紹介して仲よくなる。仕事上での結びつきに発展する可能性もある。講師役としては、晴れの舞台で活躍できる。

■ プレゼント交換会

会ったことのないメンバーどうしがペアを組み、互いにプレゼントを贈り合うという制度もある。

総務部が事務局となり、毎月、接点のないメンバーの組み合わせを作り、それぞれに伝える。連絡を受けたメンバーは、相手の喜ぶ顔、驚く顔を見るため、懸命にリサーチを行う。本人には聞けないので、相手が所属する部署のメンバーなどにヒアリングするのである。接点のなかった人の所属する部署なので、いろいろなメンバーと話をする機会にもなる。

そして、月に1回行われる全体会で、プレゼントを贈呈。初めてその場で会話をするが、すでに互いのことを調べ合っているため、その結びつきは深いものとなる。一気に距離が縮まり、双方の部署のパイプとしての役割が期待される。

このように、会話のきっかけをどのように提供するかが、社内活性化にはきわめて重要なのである。

各種リモートワークの導入

IT系企業の事例

リモートワークに多様な「口実」を

あるIT企業は、コロナ禍以前からリモートワークを推進していた。その事例を紹介しよう。特徴は、**リモートを採用する条件の多様性**である。

たとえば、メンバーの健康維持のための**猛暑リモートワーク**。気象庁の発表する気温データと連携し、最高気温の予想が35度を超えると、システムを通じてメンバーにリモートワークの推奨通知が送られる。その通知を見たメンバーが、デバイス上で簡単な操作を行えば、リモートワークの申請が完了となる。

これ以外にも、冬場の**豪雪リモートワーク**、海外拠点で仕事をする際の**国際リモートワーク**、帰省中に仕事をする**ふるさと帰省リモートワーク**など、いろいろなシーンでのリモートワークを想定し、社内規定として認めている。無理なく、自然に、だれでもリモートワークを実践できる。

コロナ禍においては、各自が特に理由をつけなくても、リモートワークを行うことができていた。しかし、ワクチンができて「Afterコロナ」の段階に入ると、以前と同じように、「リモートワークをするには、何らかの理由がなければならない」という「空気」になってくるかもしれない。

そんなときにも、「猛暑」や「豪雪」などをリモートワークの口実として制度的に確保しておけば、「会社でルールになっているから」ということで、リモートワークを行いやすくなる。ワークスタイル改革に適した制度だといえるだろう。

この会社では、リモートワーク浸透のために、**月に1度のリモートワークデー**を設けていた。また、管理職から積極的にリモートワークするように促してもいた。「管理職の抵抗によってリモート化が進まない」というありがちなパターンに陥らないためである。

IT系企業なので、セキュリティ面でも十分な対策が施されている。

⬭ ＩｏＴの活用事例

　このIT系企業には、ほかにも面白い特徴がある。それは、**モノのインターネット、IoT**（89ページ参照）の活用である。

　オフィスにあるマッサージチェアに、人感センサーや、脚部の開閉センサーがついており、「使用中」「もうすぐ終了」など、利用状況が可視化されている。さらに、冷蔵庫内の温度管理、コーヒーや紅茶の在庫補充、室温センサーによる会議室の空き状況把握などにも、IoTは役立てているという。

　IoTは、総務での活用が見込まれる技術である。

　会議室のカラ予約問題も、人感センサーで感知すれば、実際に利用しているのかどうかが確実に把握できる。室内灯と連動させて、無人の部屋を自動で消灯することも可能である。

　また、仕事内容に合わせて最適な場所を選べる**ABW**（56ページ参照）がますます進展してくると、メンバーがさまざまなワークスペースを移動しながら仕事をすることになり、これから使おうとする場所の予約状況や利用状況の把握が必要となる。そこに、このIoT技術は活用されることになるだろう。

　備品管理への応用も期待できる。たとえば、コピー用紙の在庫管理である。重量を感知し、ある一定の重さにまで減ったら自動で発注するように設定する。

　つまり、これまでは総務のメンバーが自分の目で直接確認していたものを、IoT技術により自動化できるのだ。これが実現すれば、総務のメンバーがオフィスにいなければならないという縛りは一気になくなる。**総務のリモートワーク**が推進されるのである。

　現在、**RPA**（80ページ参照）がはなばなしく脚光を浴びているが、このIoTも、もっと注目されてよいはずだ。今後の技術の発展と普及、浸透に期待したい。

総務のフルリモートの実現

社員300名弱のITベンチャー企業の事例を紹介しよう。

この企業は、IT系としては珍しく、2020年のはじめにはリモートワークの制度自体が存在していなかった。そもそも、対面のコミュニケーションを重視する社風があったのだ。

しかし、コロナ禍を受けて緊急事態宣言が発令されると、全面的な在宅勤務に切り替えることにした。

一般的に総務は、「コロナ禍への対応のせいで、逆に出社が増えた」という事例も多い。しかしこの会社の総務は、総務のリモートワークを阻む**三大課題**（79ページ、86ページなど参照）を見事にクリアした。

郵送物はほかの部署のメンバーに開封して対応してもらい、契約書に関しては電子契約システムを導入し、電話への対応の問題は転送システムで解決したのである。こうしてこの会社の総務は、フルリモートを実現した。

メンバーのリモートワーク環境の整備

前述したように、この会社には、コロナ禍以前にはリモートワークの制度がなかった。そのため、各メンバーの在宅勤務での環境整備は整っていなかった。

そこで、リモートワーク体制に移るとき、会社は必要な支援を積極的に行った。

まず、仕事用のノートPCを支給した。また、家庭にインターネット環境がないメンバーに対しては、モバイルWi-fiを貸与した。ディスプレイがないと仕事に支障をきたしてしまうメンバーには、ディスプレイを貸与

するか、もしくは家庭にあるテレビモニターをマルチディスプレイにするためのケーブルを貸与したりなどした。

ツールをしぼって効率的に使う

全社のコミュニケーションについては、以前からビジネスチャットツールのSlackを使っており、リモートワークになっても問題はなかった。また、オンライン会議ツールも、以前から使っていたものがあった。

慣れたツールがあるおかげで、新しいツールに手を出してうまく使いこなせずトラブルが起こったり、メンバー間で違うツールを使って混乱したりすることはなかった。社内コミュニケーションでメールや電話を使うこともほとんどない。

リモートワークを効率化するため、細かい工夫も行っている。

たとえば、オンライン会議の質の向上のため、**会議の前には必ずアジェンダを共有する**ようにしている。そうしておけば、簡単な確認だけで本題に入ることができ、深い議論を行えるのである。

メンバーの親睦

この会社で、リモートワークに関するアンケートを取ったところ、やはり「コミュニケーションが不足している」と感じているメンバーが多いことがわかった。

経営層からは、「オンライン会議システムをつなぎっぱなしにしてはどうか」との提案があった。しかし、「それでは監視されているようだ」という声も上がり、採用は見送られている。

その代わりにというわけでもないが、**オンライン飲み会**を開催している。メンバーの子どももオンラインで顔を出すなどして、アットホームな感じが好評である。親睦会もリモートで開催が継続されており、さらなる活用が期待されている。

COLUMN 09

リモートでコミュニケーションが増加!?

情報提供サービス企業の事例

⬜ 家庭の環境整備

リモートワークへの移行によって、コミュニケーションの困難が生じがちだと述べたが（110ページ参照）、逆に、リモートワークによってコミュニケーションが増えたというケースもある。120名規模の情報提供サービス企業の事例だ。

ここはもともと、リモートワークを申請すれば利用できる制度があり、ノートPCもひとり1台貸与してあった。書類の電子化も進んでおり、どこでも仕事ができる環境は整っていたので、緊急事態宣言が発令された当初は、全社フルリモートワークの体制を敷いた。

コミュニケーションについては、以前からSlackなどのチャットツールを使っており、オンライン会議ツールとしてZoomも活用していた。スムーズにリモートワークへと移行できた。

ただ、自宅の環境には個人差があった。自宅にもディスプレイが必要だとの要望が数多く寄せられたので、会社にあったものを含め、数十台のディスプレイを必要な人の自宅に送った。必要ならモバイルルーターも調達し、まずは家庭での環境整備に尽力した。

リモートワークでよくある問題は、**オンとオフのメリハリがつかない**ということだ。ひとり暮らしだと、食事や睡眠の時間も自分次第なので、ついつい働きすぎてしまうこともある。そこでこの企業では、**管理部門担当者やチームリーダーが、メンバーの勤務時間をチェック**して、働きすぎを防止した。

従来のようにオフィスにみんなが集まって仕事をするなら、そのオフィスの環境整備をしておけばこと足りた。しかし、リモートで在宅勤務となると、メンバーの数だけ環境がある。この**環境の違いに、どのように対処するべきか**は、考えておくべき課題である。

⬜ デジタルツールの活用は継続が重要

この企業でも、緊急事態宣言を受けての半ば強制的なリモートワークを通して、「オフィスじゃなくても、意外と働ける」と感じる人が多かった。

もともとSlackやZoomを使いこなしていたので、ほかのメンバーと「つながっている」という感じはあり、寂しさは解消されていた。チャット上には雑談用のルームが作られ、多くのメンバーが気軽にコミュニケーションを取っている。

また、オンライン会議の頻度が上がったり、リモートで朝会を開催するようになったりと、顔を合わせていないからこそむしろコミュニケーションが増えた。

オンライン会議中、育児をする家庭の事情が見えることもある。子どもの世話をしながらリモートワークをすることの大変さが、独身のメンバーに伝わり、相互理解が進んだ。リモートワークのよい副産物だといえる。

新型コロナウイルスの脅威が去っても、せっかく慣れてきた**デジタルツールの活用頻度は、このまま維持したい**ものである。

⬜ 自律性と選択肢の提供

この企業は現在は、リモートワークとオフィス、どちらでも選べるような働き方を採用している。家庭環境により、リモートのほうが生産性が上がるメンバーも、オフィスで働きたいメンバーも、どちらもいる。働く場は、各人のパフォーマンスが最大化される場を、各人が自ら選択すべきものである。

ただ、それには、メンバーと企業に必要なことがある。

メンバーにとっては、**自律性**である。自分自身の強みも弱みも理解し、「自分はどのような環境だと最もパフォーマンスが上がるか」を把握したうえで、自分で働く場を選択するのだ。

一方で、企業側としては、**メンバーのことをよく理解し、各人が自律的に選択できる選択肢を最大限提供する**ことが重要である。

ハイブリッド型イベントの開催

メーカー系企業の事例

▭ イベント開催の困難

　新型コロナウイルス感染症がもたらした大きな変化のひとつが、**イベント開催**の変化である。

　そもそも「人を同じ場所に集めること」が目的だったさまざまなイベントが、感染リスク防止のため、軒並み開催断念に追い込まれた。特に、室内イベントが打撃を受けた。エンターテインメントやスポーツイベントも、しばらくは開催できなかった。卒業式や入学式などがなくなってしまい、悲しい思いをした人も多い。

　企業では、春の入社式やキックオフ、さらには株主総会といった重要イベントについて、従来どおりの開催ができなくなり、管理部門は頭を抱えたことだろう。

　しかし、会議については、Zoomなどを活用したオンライン会議が、比較的順調に行われている。「社内イベントも、同じようにオンラインに移行できないか」と考え、入社式をオンラインで開催した事例がある。

▭ 走りながら検証

　1000人規模のとあるメーカー系企業では、2020年の緊急事態宣言の発令後、トップから「原則在宅勤務」の号令がかかった。システム環境などは未整備だったが、社員、家族、取引先の安全が第一だということで、そのように決定されたのである。

　メンバー間のコミュニケーション、マネージメント、取引先とのやり取りなど、とにかく走りながら対応を考えることにして、リモートワークに突入した。

　経営トップからは、メンバーとその家族に対して、急なリモートへの移

行に対応してくれていることへの感謝の想いを伝えるビデオメッセージが配信された。

　また、管理部門には、在宅勤務での困りごとを一手に引き受ける窓口を開設。**メンバーだけでなく家族からの問い合わせもOKの専用ダイヤル**を告知し、さまざまな問い合わせに対処した。働き方についての相談が特に多く、寄せられた要望を拾い上げて、**特別休暇制度**も構築していった。

　新たな制度として、全メンバーに**一時金**も支給した。また、在宅勤務の課題のひとつである社内コミュニケーションに関しては、コミュニケーション支援策として、**オンライン飲み会の補助金**を、ひとり2000円まで支給した。

　このように、矢継ぎ早にいろいろな制度が導入された。まずは施策を打って、検証しながら最適化していった。

リモート入社式

　特筆するべきは、4月の入社式である。

　新卒での入社式は、一生の思い出となるビッグイベントだ。「コロナ禍により、今年の入社式は開催しない」となると、新入社員に寂しい思いをさせてしまう。

　管理部門としても、中止を含めてあらゆる可能性を検討したが、「一生に一度の大事なイベントとして新入社員を迎えてあげたい」ということで、開催が決定された。毎年の入社式には、社長を中心とする企業としての求心力を維持し、伝統を守るという役割もある。そういう意味でも、開催は必要だった。

　採用されたのは、分散型のリモート形式である。新入社員を、配属先によって十数か所の拠点に振り分け、インターネットでつないで開催するのだ。それぞれの拠点では、会場の除菌、参加者の検温、マスク着用、手洗い消毒など、衛生面での対策が徹底された。また、「三密」を避けるために席の間隔も十分に取られた。辞令を渡すにも、ロボットが使われた。

　リモート入社式ならではのよさもあった。YouTubeで同時配信され、先

輩社員たちはもちろんのこと、新入社員の家族にも視聴してもらえたのである。入社式に家族が参加することは、なかなかないだろう。多くの家族に視聴され、「この会社に子どもが入社できてよかった」との声が寄せられた。また、新入社員も、このような配慮の行き届いた入社式を経験することで、この会社に対する気持ちが高まったようだ。

　結果、入社式は大成功であった。入社式のあとは、通常なら集合しての合同研修だが、この年はオンライン研修になった。

▭ オンラインのよさを活かしきれるか

　このように、リアルでは実現できないことが、オンラインで実現できるというケースは、案外多いものだ。**オンラインならではの利点を活かしきる**ことがポイントである。今後、リアルの集合形式で開催しながら、家族も視聴できるように動画配信する、ハイブリッド型の入社式も増えるのではないだろうか。

　そのほか、オンラインの表彰式もいい。オンラインでの利点として、**チャット機能**が挙げられる。表彰されるまさにその瞬間、チャットでお祝いメッセージを投稿することが可能なのである。そして、そのメッセージをだれでも見ることができる。表彰される人からすると、先の入社式と同様、晴れの姿を家族にも見てもらえる。いい親孝行にもなるのではないだろうか。

　「一時しのぎでのオンライン会議やリモートイベント」といったとらえ方ではなく、オンラインを含めてのハイブリッド形式を、この際、徹底的に工夫して実践してみることが重要なのだ。

　「やっぱりリアルがいいよね」と短絡的に以前の世界に戻るのではなく、とにもかくにもここまで進んだのをベースに、リアルをも取り込んで高次のイベントを仕掛けていくのが、これからの時代の戦略総務ではないだろうか。

第 **5** 章

健康管理の戦略と実践

■ ウェルビーイングのための健康経営

　戦略総務は、先行きの見えないこれからの時代に会社を生き残らせていくために、**会社の生産性を高める**ことに貢献していかなければならない。

　そのときにとても重要になってくる考え方がある。**ウェルビーイング**（Well being）である。

　直訳すると「よい状態にある」くらいの意味だが、これは、**健康というものを、身体面のみならず、精神面および社会的生活の面まで視野に入れながら定義するための概念**である。

　つまり、身体的に「よい状態にある」だけでなく、精神的にも社会的にも「よい状態にある」ことこそが「健康」だ、というわけである。世界保健機関（WHO）の憲章に掲げられている。

　組織の生産性は、メンバーがよいパフォーマンスを発揮したときにこそ高まる。そして、**メンバーのパフォーマンスを上げるためには、ウェルビーイングが重要である。**

　意識の高い企業ほど、このようなロジックを大切にしている。そして、ウェルビーイングにつながるものとして注目されている経営方針が、**健康経営**である。アメリカの経営心理学者ロバート・ローゼンの論にもとづいて生まれた考え方だとされる。

　日本の特定非営利活動法人健康経営研究会によると、健康経営とは、**「企業が従業員の健康に配慮することによって、経営面においても大きな成果が期待できる」との基盤に立って、健康管理を経営的視点から考え、戦略的に実践すること**である。

　健康経営は、**働き方改革**（24ページ参照）と多くの共通点をもつ。必要だと考えられるようになった背景（これについてはすぐあとで述べる）も、目的も同じだといえる。働き方改革と健康経営は、これからの時代に会社として

の生き残りをはかり、発展をめざしていくための両輪なのである。

健康経営の必要性

健康経営は、なぜ必要だと考えられるようになったのか。その背景を見てみよう。何より大きいポイントは、**少子高齢化**である。

❶採用数の確保

日本の人口は減少の一途をたどっている。労働力の減少の中、企業が優秀なメンバーを集めるためには、多くの人に「この会社で働きたい」と思ってもらう必要がある。

そのとき、「この会社は、メンバーに十分に配慮する企業である」という企業イメージを打ち出すことが、非常に重要になってくる。人材確保のためのA&R（26ページ参照）のA、**アトラクション**（惹きつけること）である。

❷定着率の向上

また、せっかく入社してもらった人が、働いているうちに心身の健康を害して退職してしまっては、会社としても大きな痛手となる。メンバーの健康に配慮することは、A&RのR、**リテンション**（引きとめること）にもつながるのだ。

❸メンバーの高齢化への対応

これからの時代、会社のメンバーの平均年齢は上がっていく。それに合わせて、疾病リスクも上昇することになる。若いうちから生活習慣を改善し、リスクを下げる取り組みを行う必要がある。

健康経営銘柄

健康経営には、国による認定制度がある。認定された企業は、そのロゴマークを名刺や看板などに自由につけられる。このような国の「お墨つき」

の証は、企業イメージを高め、**人材採用**などに際しても大きなアピールになる。

　認定制度はふたつある。そのうちのひとつは、**健康経営銘柄**である。

　これは、健康経営を推進するために、経済産業省と東京証券取引所によって始められた。東京証券取引所の上場企業の中から、メンバーの健康管理に戦略的に取り組んでいる企業を選定し、長期的な企業価値を重視する投資家に対して紹介する。選定されるのは、原則、1業種につき1社である。

　選定にあたっては、経営理念の中での健康経営の位置づけ、健康経営に取り組むための組織体制、制度と施策などが評価される。

　もともとは、資本市場での評価を重視する経営者にアピールするために考えられた制度だが、人材採用の武器として注目を集めたことで、認知が広がった。当初は1回で終える予定だったが、各方面からの大きな反響を受けて、継続することになった。経済産業省には問い合わせが殺到し、説明会も大入り満員状態が続いたという。

■ 健 康 経 営 優 良 法 人 認 定 制 度

　もうひとつの認定制度は、**健康経営優良法人認定制度**である。

　経済産業省が事務局を務める次世代ヘルスケア産業協議会が策定した**アクションプラン2016**には、健康経営の実施を支援する施策が盛り込まれている。その中のひとつが、この健康経営に関する顕彰制度の推進である。

　次世代ヘルスケア産業協議会とともにこの制度を支えるのは、日本健康会議である。この組織も、健康経営に取り組む企業を増やすことをめざしている。

　健康経営優良法人認定制度は、健康経営に積極的に取り組む法人が「見える化」され、社会的に評価されることを目的としている。

　先行する健康経営銘柄の対象は上場企業だが、健康経営優良法人認定制度は、非上場企業や中小企業、医療法人なども対象にしている。

　大規模法人部門は、**ホワイト500**と名づけられている。

　ホワイト500に認定されるための第一ステップは、「健康経営度調査」に回答することだ。これは、経済産業省が実施するアンケート調査で、メンバーの健康管理に関する取り組みや成果を把握するために行われる。企業は、約80問からなる設問に回答することで、ホワイト500の認定を申請する資格を手に入れる。

　ホワイト500は、健康保険組合などの保険者と連携した健康経営への取り組みが前提となっている。したがって、企業と保険者の連名で申請することが必須である。

　中小規模法人部門は、保険者が進める「健康宣言」に取り組んでいる企業の中から認定されることとなった。「健康宣言」を発した企業のうち、一定の基準を満たした法人が、健康経営優良法人として認定される。こちらは、「健康経営度調査」への回答は前提ではなく、代わりに、申請書内容を協会けんぽなどがチェックすることとなる。

　中小規模法人も、「健康経営度調査」に回答することはできる。提出した企業には、結果サマリー（フィードバックシート）が送付される。これには健康経営への取り組み状況がコンパクトにまとめられており、他社と比較したときの自社の取り組み状況がひと目でわかるので、その後の取り組みに活かすことができる。

　このような認定制度を見ても、現在、健康経営の注目度が上がっていることがわかるだろう。

　この先、「健康経営が取引条件」という時代が来ることも、十分考えられる。人材・資金・事業、すべてにおいて健康経営に取り組むことが求められる時代になりつつあるといえる。

5-02

健康経営も総務が主導する

ほかのワークスタイル改革と連動

■ 健康経営を企業全体の「戦略」に

健康経営が実現されると、メンバーの生産性が高まるだけでなく、企業イメージが向上し、優秀な人材が確保できる。さらには、健康管理費用が抑えられるというコスト削減のメリットもある。

健康経営の実現によって、会社全体の組織としての健全度が上がることが期待されるといえよう。

これからの時代、健康経営に積極的な企業と、「メンバーの健康は、それぞれが自分で気をつけるべきことであって、会社はそれをできるだけサポートしてあげればいい」といった考え方の企業では、大きな差が出てくるはずである。

こういった会社全体としてのメリットのために、メンバーの健康管理を、経営的視点でとらえることが必要になる。

つまり、健康経営とは、総務部や人事部といった一部の部署だけで「戦術」的に取り組むものではない。経営の「戦略」として、会社の根幹にすえるべきものなのである。

■ ワークスタイル改革の一環として

そして私は、総務こそが、この健康経営を主導できる部署だと考えている。

健康経営には、ワーク・ライフ・バランス(仕事と生活の調和)の実現という視点が必要である。これは、個々人がやりがいや充実感を感じながら働くと同時に、自分の望む暮らし方・生き方を選択できるような状態のことだ。ワーク・ライフ・バランスが実現した社会では、健康で豊かな生活のための時間が確保できるとされる(たとえば内閣府の「仕事と生活の調和」推進

サイトを参照)。

　具体的にいうと、たとえばムダな長時間労働をなくすことが、メンバーの健康増進と生活の充実のために有効であり、ワーク・ライフ・バランスの実現をめざすうえでも必要になってくる。そこから、「労働時間を短縮する分、仕事をどのように効率化し、生産性をあげるか」という課題が生じる。

　これはまさしく、**ワークスタイル改革**の課題である（26ページなど参照)。とすると、健康経営をワークスタイル改革の一環として位置づけ、改革の司令塔である総務が引っ張っていくのが、合理的だといえるのではないだろうか。

━━ さまざまな改革との連動

　健康経営のためには、制度的な整備のほかに、たとえば**オフィス環境**の改善も行う必要があるかもしれない。メンバーが一日の多くの時間をすごすオフィスは、メンバーの健康に大きな影響を与えているはずだからである。

　となると、オフィスに関する仕掛けは、第1章で紹介したような施策と連動させるべきだろう。

　また、**メンバーどうしのコミュニケーション**も、メンタル面での健康において、大きな要素になってくる。

　だれかが悩みを抱えても、軽微な段階で、同僚や上司に気軽に相談できるような状態ならば、休職や退職といった事態に陥らないうちに対処することができる。逆にいえば、コミュニケーションが取りづらい環境だと、ひとりで抱え込んだ末に「もう限界です」ということにもなりかねない。

　これに関しても、第4章で説明した社内の**コミュニケーション活性化**の施策を行いながら、カバーしていくことができるだろう。

個々のメンバーを「自走」させるために

多様な仕掛けで「着火」せよ

■ メンバーの実感が重要

健康経営は、これからの時代の企業にとって重要なものである。とはいえ、もっぱら経営・管理側がメリットと必要性を感じているだけでは、健康経営は実現しない。

なぜなら、当然の話ではあるが、個々のメンバー本人が、**主体性**をもって取り組まなければ、健康を保つことや改善することはできないからである。

個々のメンバーが、健康維持の取り組みに関して「自走」しはじめるようにもっていかなければならない。

そのためには、**メンバーの意識に「着火」する**ことが必要だ。個々人に、健康維持の大切さに気づいてもらうのである。

健康であれば、**仕事の効率も、創造性も高まる**。もちろん、**生活も充実する**。本人にそのようなメリットがあることを、**それぞれのメンバーに実感してもらう**ことが、総務の仕掛けていく健康経営の取り組みの本質だといえる。

自分の健康の大切さに気づけば、メンバーは自分で進んで動いていくだろう。逆に、メンバーが「自走」してくれなければ、総務をはじめとする経営・管理側がどんなにはたらきかけたとしても、健康経営が実現することはない。

■ はたらきかけの観点

健康経営の施策を仕掛けていくにあたっての観点は、大きく分けて、次のふたつがある。

> Ⓐ **働く場の環境を改善する**
> Ⓑ **各メンバーの生活を改善する**

　総務が直接的にはたらきかけられるのは、Ⓐのほうである。メンバーが一日の中の多くの時間をすごすオフィスなどを、快適な環境にすることで、メンバーの健康状態を改善できる可能性がある。

　しかしⒷについては、メンバーの意識に「着火」するという、間接的なはたらきかけしかできないわけである。

■ 多様な施策の必要性

　健康経営をめざすときに対処するべき問題として、**アブセンティズム**と**プレゼンティズム**がある。

　アブセンティズムとは、メンバーが欠勤することにより、生産性が落ちることである。

　逆にプレゼンティズムは、メンバーが出勤してはいるが、健康上の不調などによって本来のパフォーマンスを発揮できないことを指す。

　健康上の不調も、身体的なものだけではない。実際、近年は**メンタル面での不全**を訴える人も増加している。

　しかも、メンバーの健康状態は、それぞれ異なっている。そこに影響を及ぼしている要素は、**個人の生活習慣**だけでない。「どんな**職場環境**で、どんな**働き方**をしているか」も、それぞれの健康状態に違った影響を与えている。

　また、当然のことではあるが、どんな呼びかけやはたらきかけが琴線^{きんせん}にふれるかも、千差万別だろう。

　つまり、**一律な施策が全体的な効果につながるとは限らない**のだ。

　そこで重要になってくるのが、**施策の多様性**である。**あの手この手でどこかに「着火」する**という意識で、多様な仕掛けを打っていきたい。

経営トップから「健康宣言」を引き出す

まずは「本気度」を内外に示すところから

━━ 社長のコミットメントを調達する

それでは、具体的に、どのように**健康経営**を推進していけばよいのだろうか。

前述したとおり、どんな施策を打っても、メンバーの意識に「着火」しなければ意味がない。たとえば「総務が何か勝手にやっているだけでしょ？」と思われてしまうと、話にならないのである。

それを避けるためには、**会社としての「本気度」を示す**のがよい。メンバーに、「会社は本気で健康経営を推進しようとしている。自分も取り組もうか」と思わせよう。

ここで、**経営トップのコミットメント**が重要になってくる。**社長の「健康宣言」**である。社長を巻き込んで、「わが社では、社員の健康を重要な経営資源と考え、健康増進に取り組んでいく」と宣言してもらうのだ。

実際、健康経営を成功させている企業は、健康経営を推進するチームのトップに社長をすえているところが多い。社長自らが動いているとなれば、メンバーも「健康経営は、会社全体の方針なんだ」と実感するわけである。

━━ 社長との交渉

もしかしたら、まだ健康経営の重要性を理解していない社長もいるかもしれない。「今までもそれなりにメンバーの健康には配慮してきたのに、なぜわざわざ新しい取り組みなど必要なのか？」といった反応が返ってこないとも限らない。

総務は、人事などの管理部門も巻き込みながら、社長と交渉しよう。社長に対してプレゼンテーションするべきなのは、次のようなことである。

❶ 健康経営の概略
❷ 健康経営のメリット
❸ 自社の健康管理の現状
❹ 他社の健康管理体制
❺ 具体的施策の案

❶ については、130 ページで述べたようなことを伝えればよいだろう。

❷ については、**メンバーの仕事の効率と生産性が上がる**だけでなく、**採用数の確保と定着率の向上にもつながる**ことを示す。そして逆に、「健康経営に取り組まないと、これからの時代、企業イメージを高められない」と警告するのも効果的かもしれない。

❸ は、健康診断の受診率や、その結果わかっているメンバーの傾向などである。

❹ は、ライバル企業やお手本にするべき企業の取り組みを調べる。

❺ で提案する施策は、状況によってさまざまだろう。次の項目以降を参考にして練っていただきたい。

こういった情報をしっかりと提供すれば、社長も健康経営の必要性を認め、旗振り役を買って出てくれるはずである。

■ 宣言は社外へも発信

健康宣言は、社内に向けるだけではインパクトが弱い。**HP に掲載するなどして、社外に向けて発信**したい。

公的な宣言になれば、世間から「健康経営に取り組む会社」として見られる。たとえば取引先との会話に、その話が出てくることもあるだろう。そういう状況になると、ひとりひとりのメンバーの意識も、おのずと高まってくるものである。

社員の意識は、経営者の意識と相関する。健康経営への取り組みをスタートするにあたっては、経営トップを巻き込むことが必須なのだ。

定期健診の受診率を100％に

現状と課題を把握しなければ前に進めない

■ とにかく何よりも健康診断

社長の**健康宣言**を引き出すことで、**健康経営**への取り組みが動きはじめたら、とりあえず何よりもめざさなければならないのは、**定期健康診断の受診率を上げる**ことである。

どんな施策を打っていくにせよ、まずは自社の現状を知る必要がある。**健康上の課題を洗い出す**ためには、健診が役に立つ。年1回の定期健診は、労働安全衛生法で義務づけられている。メンバーには必ず受診してもらおう。

受診率100％を達成していない会社は、まずはそれを目標にする。次のような手を打つと効果的だろう。

□ 人事担当や上長から受診をうながす
□ 産業医から受診をうながす
□ 部署ごとに受診率を公表して競い合うようにする

■ 健康診断後のフォロー

もちろん、健康診断は「受けっぱなし」では意味がない。

健診で異常の所見があり、「病院での診察が必要」とされたにもかかわらず、放置してしまう人もいる。

そういうメンバーに対しては、**産業医が最後までフォローする体制**を作れるとよいだろう。

また、たとえばある金融会社は、有所見者の健診結果には、病院で受診するよう督促する**イエローペーパー**という書類を同封している。これは大きな効果が上がっているという。

━ データのかけ合わせと分析

　健診後に、メンバーに対する**ヒアリング**や**アンケート**を行い、仕事と健康との相関を、よりくわしく把握するのも有効だ。たとえば次のような項目のデータが取れれば、具体的な施策を考えるときに役に立つ。

- ☐ どのような仕事の仕方をしているか
- ☐ どれくらい運動しているか
- ☐ 食事の内容や時間帯
- ☐ 飲酒パターン
- ☐ 睡眠の質と量
- ☐ 体に不調はないか
- ☐ メンタルに不調はないか

　こういった調査項目と、健診の結果、さらには業績のデータをかけ合わせて分析すると、さまざまなことがわかるはずだ。

　たとえば、面白いデータとして、飲酒パターンと業績との相関が見つかっている。あるふたつの企業で調べたところ、「週に3回、飲みに行っている社員」が、最も業績が高かったというのだ。飲み会の場での情報共有や、コミュニケーションの活性化によって、パフォーマンスが高まっているのではないか、と考えられている。もちろん業種などによるだろうから、これはあくまで参考程度だが、このような興味深い仮説も得られるのである。

　さらに、オフィスに IoT（89ページ参照）を導入すると、「だれがどこで働いているか」（位置情報）と「その場所はどういう環境か」（温度、湿度、二酸化炭素濃度、照度など）、さらには「その人は集中して仕事に取り組めているか」まで、定量的に把握することが可能である。そういったデータと健診結果や業績をかけ合わせると、「総務が仕掛けたオフィス戦略が、どれくらいの成果をあげているか」までわかってくるのだ。メンバーだけでなく、「場」の健康状態まで見えてくるといえるだろう。

情報発信・イベント・キャンペーン

健康増進のための具体的な施策

━━ 重要なのは継続可能性

　健康診断で得られたデータを分析したうえで、さらなる施策を打っていくわけだが、「どんな施策を実施するか」を考えるときに最も重視するべきなのは、**継続可能性**である。「短い間だけ盛り上がったけれども、じきにだれも取り組まなくなった」では、メンバーの健康状態を長期的に良好に保つことはできない。

　継続される施策にするために大事なのは、次の3点である。

> ❶自社の社風に合っていること
> ❷ハードルが高すぎず、今の延長線上から始められること
> ❸上からの押しつけにならないこと

　人間は急激な変化を好まないものなので、従来の社風に合わないことやハードルの高いことを、上から押しつけられたように感じると、強く反発するだろう。

　ここでも、**ワークスタイル変革**のキーワードである**多様性**が重要になる。メンバーにとって何が「自走」への「着火」点になるかはわからないので、**多くの施策を用意して、各自が主体的に選べるようにする**のだ。

━━ 「どうせ」と「ついでに」

　ハードルが高くなりすぎないようにするポイントは、「**どうせ**」と「**ついでに**」である。

　「どうせ」人は食べるし、「どうせ」人は寝る。そこに少しの変化を加えることで、健康への第一歩を踏み出せる。睡眠の正しい作法を学ぶ**睡眠改善**

プログラムを導入したり、**社員食堂のメニュー**を徐々に健康的なものに切り替えていったりするのである。

また、「どうせ」人は排泄する。そこで、トイレに行く動線に**リフレッシュルーム**を作り、「ついでに」少し休憩してもらう。あるいは、席を立った「ついでに」、**簡単にできるストレッチ**の情報を与えておく。

こういう小さなことならば、抵抗感なく受け入れられるだろう。そして長続きするのである。

■ 情 報 発 信

具体的な施策は、社風やメンバーの現状に合わせて考えていくしかないのだが、いくつかのパターンや例はある。

まずは**情報発信**である。健康のための情報を発信して、メンバーそれぞれに役立ててもらうのだ。

手段としては、**掲示板**を使うのもいいし、**イントラネット**に配信するのも効果的だ。内容としては、たとえば次のようなものがある。

□ **体によくない働き方**
□ **気軽にできる運動**
□ **元気になる食べ物**
□ **飲み物の選び方・取り方**
□ **効果的な睡眠**
□ **メンバーの「私の健康法」**

気をつけなければならないのは、やはり**継続性**である。コンスタントに発信を続けていれば、「うちの会社は、いつも健康に配慮している」という了解が生まれてくるので、ほかの施策を打ったときにも、メンバーに納得してもらいやすい。逆に、情報発信が途絶えている状態で新しい施策を実施すると、「普段は健康のことに無関心なのに、急に何をいい出すんだ」と、反発を受ける危険性がある。

━ イベント

　より積極的な施策として、各種の**イベント**を開催することもできる。た
とえば次のようなものである。

> □ **健康セミナー**（適切な生活習慣などのアドバイス）
> □ **健康が気になる年代にしぼったヘルスアップセミナー**（35歳限定など）
> □ **睡眠改善プログラム**
> □ **ヨガ体験**

　こういったイベントは、第4章で扱った**社内コミュニケーションの活性
化**にもつながり、一石二鳥である。
　特に、**健康診断の受診の時期**や、**健診結果が出る時期**を狙って仕掛ける
のが効果的である。メンバーの健康に対する意識が高まっているところ
に、職種別や年代別のイベントを開催すれば、参加者も多くなり、「自走」
のきっかけになる。

━ キャンペーン

　健康診断の受診期間や結果が出る時期に、たとえば「健康生活月間」と
いった名を掲げて、**キャンペーン**を打っていくのもよい。各自が目標を設
定して、生活習慣の改善に取り組むように仕掛けるのである。次のような
キャンペーンがありうるだろう。

> □ **健康朝食キャンペーン**（毎朝同じ時間に朝食を取る）
> □ **ダイエットチャレンジ**（目標体重に挑戦する）
> □ **「腹八分目」キャンペーン**
> □ **休肝日キャンペーン**（一日の酒量の上限と、飲まない日を決める）
> □ **ウォーキングキャンペーン**（一日1万歩を継続する）
> □ **快適睡眠キャンペーン**（毎日同じ時間に寝て、同じ時間に起きる）

　ほかにも、たとえば**健康アプリ**を導入して生活習慣の改善の度合を定量化し、**部署対抗戦**にするという手もある。

　結果を公表して表彰すると、モチベーションが上がり、社内コミュニケーションの活性化にもなる。

　定期健診と情報発信、イベント、キャンペーンを連動させていけば、メンバーも自分の「着火」点を見つけ、意欲的に健康増進に取り組むようになるだろう。

■ そのほかの施策

　そのほかにも、**楽しく健康を意識してもらう**ような施策や、**さりげなく健康志向に導いていく**ような施策の例を、いくつか挙げておこう。

☐ **オフィスに体組成計と血圧計を設置する**
☐ **オフィスにバランスボールを置く**
☐ **ストレステストをWeb化**
☐ **昼寝場所の設置、昼寝タイムの実施**
☐ **社員食堂のメニューの見直し**
☐ **自動販売機の飲み物の見直し**
☐ **禁煙プログラムの実施**（社長から参加する）

■ 効果の「見える化」

　さまざまな施策の効果は、やがて少しずつ、**定期健診の結果**に表れてくるはずだ。それを**わかりやすいデータにして、全社に公表**しよう。効果が「見える化」されることによって、「ムダではなかったんだ」という達成感が生まれる。そして、健康増進への取り組みが継続されるのである。

　健康経営は、すぐに大きな結果が出るものではない。だからこそ、多様な選択肢を用意して、気長に継続していくことが大事だといえる。

オフィスからの健康経営

━━ バイオフィリアでオフィスを変える

　ここまで紹介してきたのは、おもに制度としての、いわばソフト面での健康経営への取り組みである。

　それに対して、ハード面での取り組みといえるようなものも、総務業界で注目されてきている。**オフィスの環境を整備**して、そのことによってメンバーが健康的に働けるようにしようというのだ。

　生命や自然を意味する「バイオ」と、愛することを意味する「フィリア」が組み合わさった、**バイオフィリア**という言葉がある。「人間は、本能的に自然とのつながりを求める」という考え方である。

　人間はそもそも、自然の中に生きる生物である。人工の建物の中で、自然から切り離されて暮らすようになったのは、ごく最近のことにすぎない。だから、**自然に近い環境で仕事をしたほうが、生産性が高まるはずだ**というのが、バイオフィリアの考え方だ。

　実際アメリカでは、オフィスを自然で健康的な空間に変えることによって、メンバーが快適に働けるようになり、生産性が上がったというデータがある。

━━ バイオフィリアはこのように実現する

　バイオフィリアは、世界中の企業で取り入れられている。

　大規模なところでは、オフィスを森林で囲んだり、半分土の中に埋めたりして、自然との一体感を演出している。

　窓を壁一面に取り、オフィス内に木や植物を植えたり、芝生を作ったりしているところもある。水を流すのも、壁面緑化も有効だ。

　とはいえ、すぐにそんなに大がかりなことをするのは難しいかもしれな

い。それでも、次のようなことになら、比較的簡単に取り組めるのではないだろうか。

- □ オフィスに観葉植物を置く
- □ 自然の香りのアロマを噴霧する
- □ ハイレゾの自然音を流す

━━ WELL 認証

　アメリカでは、「オフィスが健康的でないと、そこで働く人の健康は保てない」という考えのもと、**WELL 認証**（WELL Building Standard™）という評価システムが誕生した。

　これは、建築や街区の環境を、そこに身を置く人間の健康と**ウェルビーイング**（130ページ参照）の面から評価し、認証する制度である。

　2020年9月にバージョン2が発表されている。そこでは、**空気、水、食物、光、運動、温熱快適性、音、材料、こころ、コミュニティ**という10のコンセプトで得点がカウントされ、基準を満たすと認証が受けられる。

　認証には、プラチナ、ゴールド、シルバーの3種類があり、得点が高いほど認証レベルは高くなる。建物を建築するゼネコンだけでなく、テナントとして入居する企業も取得できる。

　WELL認証は、健康経営のハード面を評価する制度ととらえることも可能である。これを取得してアピールできれば、これからの時代、**A&R**（26ページ参照）における大きな差別化要因となるだろう。**健康経営銘柄**や**健康経営優良法人認定制度**（132ページ参照）とともに、チェックしたい制度である。

　日本では、一般社団法人グリーンビルディングジャパンが、この制度の旗振り役となっている。ただ、日本では認証されている件数はまだ多くない。これからに期待したいものである。

5-08

高年齢者に安心して働いてもらうために

労働力減少時代に必須の問題意識

━━ 短時間勤務でも健康診断を

少子高齢化による労働人口の減少を受けて、2021年4月、**高年齢者雇用安定法**が施行された。これは、働きたいと望む人に対して、70歳まで働けるようにすることを、企業の努力義務とする法律である。

経験やスキルが豊富な高年齢メンバーに力を発揮してもらうために、総務は特に、安全衛生面に気を配る必要がある。

使用者には、労働者の安全と健康を確保する**安全配慮義務**があり、この義務を怠って、労働者の健康に被害が生じた場合、使用者に多額の損害賠償が命じられることになる。

その安全配慮のひとつとなるのが、**健康診断**である。労働安全衛生法によって、事業主には、定期健康診断の実施が義務づけられている。嘱託など一定の短時間勤務者は、健診の義務対象から除外されているが、**高年齢メンバーには、なるべく健康診断を受けてもらう**ようにしよう。

高年齢の場合、持病や身体機能の衰えがあることも多い。視力や聴力などの感覚機能や瞬間判断機能、反射的対応能力などが低下するとされ、これが労災に結びつく原因になりうる。**問題をいち早く把握し、体調を考慮した作業や勤務時間にする**ことが、リスク管理として重要だ。

事故やケガの防止にも配慮する必要がある。全メンバーを対象とした機械設備の安全化などに努めたうえで、高年齢メンバーの身体特性を考慮に入れた安全策を講じるべきである。転落や転倒リスクのある仕事や、重い物の運搬などは、できるだけ高年齢メンバーには回さないようにしよう。

━━ 緊急時に対応できる体制を作る

それでも、不幸にもメンバーが倒れた場合にはどうするか。高年齢メン

バーに限ったことではないが、しっかりと準備しておきたい。

　まずは、万が一に備えて、家族などの**緊急連絡先を知っておく**ことが大切である。個人情報保護法にもとづいて、あらかじめメンバー本人に利用目的を明示したうえで、情報を適切に収集・管理する。こうした情報は入社時に収集することが多いが、情報が古くならないように、毎年確認しておきたい。

　万が一の事態が起こった場合、その場に居合わせた人は、まずは治療を最優先する。救急車を呼んで、到着を待つ間に、できる限りの応急処置を行う。

　ではこのとき、総務はどうするか。

　第一に、倒れたメンバーの家族に連絡する。

　次に、**事実関係の把握**を行う。事故であれば、いつ、どこで、どのようにしてその事故が起こったか、事故を見ていた人の氏名など、できるだけくわしく把握し、記録する。これらの情報は、労災申請の書類を書く際にも必要となる。

　事故ではなく、具合が悪くなって倒れた場合は、持病の発作などで私傷病になると考えがちだが、長時間労働や暑い屋外での作業による熱中症の疑いがあれば、労災の可能性も出てくる。持病がなかったか、最近の体調はどうだったかなど、家族の協力も仰ぎながら、原因究明に動こう。

　当然のことだが、家族への対応は誠実に行う。そうでなければ、会社への不信感を抱かせることになってしまう。

　健康保険や労災保険などの公的給付、会社規定による見舞金などについても丁寧に案内しておくと、家族の不安を和らげることができる。入院や療養が長引く場合は、**担当者**を決めて、**定期的に本人や家族と連絡を取り合える体制**を作っておくとよい。

　また、総務はぜひ、**救急講習**を受けておくべきだろう。消防署では、心肺蘇生の仕方やAED（自動体外式除細動器）の使い方などの講習を行っている。総務を中心に、できれば全メンバーがこうした講習を利用し、いざというときに素早く対応できるように備えておくことが重要だ。

5-09

「見えない」時代の健康管理

リモート環境下での問題点とは

━━ 「見えない」という問題

コロナ禍を経験したニューノーマルの時代には、健康管理のうえでも新たな問題が見えてきた。それは、「**見えない**」ということである。

メンバーがリモートワークしているとき、その姿をいつも「見る」ことはできない。

「見えない」がゆえに、**メンバーの健康状態の把握が難しい**。

また、「見えない」がゆえに、**コミュニケーション不足**が問題となり、メンバーが**メンタル不全**に陥りがちになる。

新しい時代の「見えない」という問題は、健康経営にとって大きなハードルになってくるのだ。

━━ 健康管理がより困難に

『月刊総務』では2021年2月、全国の総務担当者を対象に、健康経営に関する調査を行った。

「コロナ禍によって、社員の健康管理が難しくなったと感じるか」という質問をしたところ、「とても感じている」と「やや感じている」が合わせて**69.7%**と、**約7割が困難を感じている**ことがわかった。その困難として挙げられている具体的な内容は、次のようなものである。

- ☐ リモートになったため、顔色や態度などが見えにくい
- ☐ 毎日検温するように通達しているが、応じないメンバーが多い
- ☐ 在宅勤務中に腰痛などの不調に陥るメンバーが多い
- ☐ リモートが原因となる不調に、会社として対応できていない

　また、リモートワークを実施している企業に対して、「リモートワークになったことで社員の健康に心配があるか」という質問をしたところ、「とても心配している」と「やや心配している」が合わせて75.9%と、**7割以上が社員の健康を心配している**ことが明らかになった。その心配の内容としては、次のようなものが挙げられる。

□ 運動不足や体重増加、自宅の環境から、心身の痛みが生じている
□ 顔色や態度などが見えにくいため、不調に気づきにくい
□ つい頑張りすぎる「隠れ長時間労働」により、心身が疲労しがち
□ メンタルに不調を訴える人が多くなった

■　通勤がなくなるとこんな変化が

　在宅勤務になっても、家族と一緒に住んでいる場合は、「家族との時間」と「仕事の時間」を切り分ける必要があるため、仕事とプライベートとのメリハリがつくことになる。

　しかし、特に若手のひとり暮らしでは、起床するとそのまま仕事を始め、仕事をしながら食事を取り、夜遅くまで仕事を続けるというケースが多い。仕事とプライベートの境がなくなるのだ。そのことに本人以外は気づかず、**隠れ長時間労働**となる。これが、身体面・メンタル面での不調につながっていく。

　考えてみれば、**通勤**には、仕事とプライベートの区切りをつけるような意味合いもあったようだ。通勤の間に「仕事モード」となり、帰路では「プライベートモード」に戻ることができる。また、オフィスで仕事をする場合、外にランチに行けば、そのときは仕事から離れられる。じつは、出社することによって、自然と生活にメリハリがついていたのだ。また、日光を浴びることで、身体が「活動モード」にシフトするメリットもある。
「通勤したほうがよい」という意味ではないが、**これまで気づかなかった通勤の効果が失われた**ことは意識するべきだろう。たとえば**着替えなり散歩なりを意識的に行い、補わなければならない**のである。

5-10

今、行うべきメンバーへのケア

リモート環境下でどんな手が打てるのか

━━ 相談窓口の設置・紹介

リモート環境下の「見えない」時代に、メンバーの健康を管理するには、どのような方法があるのか。

ひとつ考えられるのは、**相談窓口**を設置することだ。心身の不調を感じた人が、安心して気軽に相談できるようにして、問題が重くならないうちに、何らかの手を打つのである。

相談の受けつけ方は、「電話のみ」などではなく、メールやチャットも含めて、できれば何種類か用意しておきたい。そうすることで、相談したい人が「この方法でなら相談できるかもしれない」と思える可能性が高まる。

だれが相談を受けるのかという問題だが、これに関しては、専門家である必要がある。BPO（81ページ参照）するのが現実的ではないだろうか。

また、公的なものとして、次のような相談窓口もある。第三者なので、かえって利用しやすいと感じる人もいるかもしれない。「こういう窓口に相談することもできますよ」と周知しよう。

- ☐ 産業保健総合支援センター
- ☐ 健康保険組合の相談窓口
- ☐ 都道府県や主要都市の精神保健福祉センター
- ☐ 日本産業カウンセラー協会　働く人の悩みホットライン
- ☐ いのちの電話　みんなのインターネット相談

━━ 朝礼・夕礼の実施

朝礼や**夕礼**をオンラインで行うことも、一定の効果につながるのではないかと期待されている。

　まず、オンラインではあっても、お互いの顔を定期的に見ることができる。調子の悪そうなメンバーに気づいて声をかけたり、ケアしてあげたりできる可能性が高まる。

　また、顔を合わせないことによる孤立感も、朝礼・夕礼への参加によって和らぐだろう。メンタル面でのプラスは小さくない。

　毎朝毎夕行う必要はない。頻度は部署やチームごとに決めればよい。

　服装は、ある程度きちんとしたものにする。特に朝礼のために着替えることによって、気持ちが切り替わり、一日のすごし方にメリハリが出てくるはずである。

　時間を決めて、ムダに長くならないように行うが、業務連絡だけではコミュニケーションを取れたという満足感が味わえないかもしれない。ある程度、雑談もしたほうがよい。

　できれば、参加者全員に、ひと言ずつでもしゃべってもらおう。そうすることで、「何日も人としゃべっていない」といった事態を避けられる。

━━ 音声だけの常時接続

　メンタル面での不全を招く孤独感を解消するために、**常時接続音声チャット**を利用してバーチャル・オフィスを作っている企業もある。

　これは、もともとゲーマーが使うコミュニケーションツールである。音声だけなので、常時接続していても、自分の顔や姿、部屋の様子が見られることはない。

　これなら、相談したいことがあるとき、すぐに声をかけることができる。オンライン会議ツールのように、いちいちURLを共有してミーティングルームに入っていく必要はないし、チャットにテキストを打ち込む手間すらかからない。フルリモート環境であっても、本当にオフィスという場を共有しているときと同じようにコミュニケーションを取ることができると好評である。

　「見えない」時代、メンバーの心身の健康が心配なら、こういったことを試してみるのをお勧めする。

⚞ 「ライフ・ワーク・バランス」

働きやすく、**ワーク・ライフ・バランス**（134ページ参照）の実現が可能な企業が求められる今の時代、プライベートに関係する**福利厚生**は、働き方とともに重視されてきている。

働き方改革で有名なカルビーでは、ワーク・ライフ・バランスではなく、「ライフ・ワーク・バランス」と表現している。「プライベートな生活こそが、仕事の充実を担保する」という考え方だ。だから、仕事が終わったら早く家に帰れ、ということになる。ダラダラと会社にいるのではなく、プライベートを充実させることを望んでいるのである。

ワークスタイル改革は、このプライベートの充実があってこそ、効果を上げていくのではないだろうか。ワークスタイル改革の本質のひとつは、生産性の向上である。プライベートでリフレッシュして、多くのインプットを得て、それを仕事で活かす。効率的に、そして創造性豊かに、仕事に取り組んで成果を生むのである。

プライベートの充実は、働き方改革との対比で、「休み方改革」といわれることもある。この「休み方改革」を側面支援するのが、福利厚生でもある。働き方改革が派手に取り上げられる中、わきに押しやられている感のある福利厚生だが、じつは、働き方改革と表裏一体となっているのだ。

⚞ 多様で豊かな選択肢を

会社のメンバーは、総務が行う施策の背後に、会社のメッセージを感じている。「会社は、私たちに、このように働いてもらいたがっているのか」と、敏感に感じ取っているのである。

特に福利厚生は、プライベートも含めた社会人としての生活の全体にか

かわるものだ。メンバーは会社の福利厚生制度から、「メンバーに対する会社の姿勢」を見て取っている。メンバーに対しては、**多様で豊かな選択肢**を提供したいものである。

たとえば、**家族とのふれ合い**を十分に確保してもらうために、本人や家族の誕生日や記念日に休暇を与える、**アニバーサリー休暇**の制度を導入する企業が増えている。

自己啓発の機会を提供するところも多い。業務に直結するものに限らず、文化や教養にふれて発想を柔軟にしてもらうため、休暇を取得させたり、費用を補助したりする。舞台関係の会社には、年4回、好きな舞台の鑑賞費用を補助しているところもある。

━━ 主体性の形成につながる

制度を作っても、なかなか利用されないのが総務の大きな悩みだ。

福利厚生制度をうまく活用しているある企業には、**休暇をどのようにすごしたかをイントラネットに報告する**ルールがある。それによって、制度の使い方の多様性が認知され、利用促進につながっている。

また別のある企業には、メンバーの投票で「いちばんよい有給休暇をすごした社員」を決め、表彰する制度があるという。この制度によって、有意義な休暇の取り方が、社内でシェアされる。

各メンバーは、福利厚生制度をうまく使った情報にふれると、「自分はどういうふうに使おうか」と考えるようになる。このように自ら考える**主体性**が、じつはたいへん重要である。メンバーたちが主体的であってこそ、組織が維持され、発展していくのである。

メンバーが、自分の目標を立て、自らを啓発し、プライベートを充実させる。会社は、福利厚生制度を通じて、それを側面から支援する。メンバーは、所属している会社で自らの目標が達成されるのであれば、他社に移ることなく定着していく。

労働人口が減少していく日本において、会社の存続のための重要施策である福利厚生制度を、ぜひ活用していきたいものである。

幸福経営とは何か

心身の健康こそ最も基本的な要素

幸福感が生産性・創造性を高める

外資系企業を中心に、**CHO** という役職が設置されるようになってきている。**チーフ・ハピネス・オフィサー**（Chief Happiness Officer）、つまり、メンバーの幸福度を高める責任者である。

なぜメンバーの幸福度を高める必要があるのか。じつは、**「幸福だ」と感じているメンバーは、そう感じていないメンバーよりも、生産性が31％高く売上は37％高く、創造性は3倍も高い**というデータがあるのだ。

幸福のための4つの条件

メンバーの幸福感にフォーカスする**幸福経営**を実現するには、何が必要なのか。Ideal Leaders株式会社のCHOである丹羽真理さんに取材した際、4つの構成要素があることを教えていただいた。

❶ Purpose：存在意義
❷ Authenticity：自分らしさ
❸ Relationship：関係性
❹ Wellness：心身の健康

❶は、会社が「何のために存在しているか」と、メンバーがやりたいことが一致することだと考えればよい。❷は、自分の強みを発揮して自由に仕事をすること。❸はほかのメンバーとの良好な関係。

しかし、❶〜❸があったとしても、❹の健康がなければ、幸福を感じるのは難しい。幸福経営を支える、最も基本的な要素は、心身の健康なのである。

第**6**章

新しい時代の教育・研修

6-01

人生100年時代の教育・研修

主体的な学びで複数の専門性を

━━ 新しい時代の教育

　会社のメンバーに対する教育・研修は、メンバーを成長させ、望ましい方向に導くためのものである。

　ゆえにそれは、会社の戦略、総務の戦略とリンクさせていかなければならない。総務は、人事部などと協力しながら、教育・研修を進める役割を担う。

　現在、教育・研修は、新しい観点から見直されてきている。その新しい観点は、**ワークスタイル改革**と同じように、新しい時代の流れから生まれてきたものである。

新しい時代の流れ❶テクノロジーの発展

　人間が行う仕事は、テクノロジーの発展の中で変化する。

　ひとつには、仕事の内容の変化がある。第3章で説明したDXがまさにこれである。

　もうひとつには、仕事自体の消滅や発生がある。たとえば、AIの技術が進んで広く普及したら、AIにできる仕事はAIに任せられ、多くの職業が消滅するだろうという予測がある。

新しい時代の流れ❷人生100年時代

　イギリスの組織論・経営学研究者リンダ・グラットンらは、「人生100年時代」を提唱している。世界中で長寿化が進んでおり、100年生きることを前提にした人生設計が必要になるというのである。

　そのような時代には、人間は80歳以上になっても働きつづける必要があるともいわれる。ひとりの人間がビジネス面で「現役」でいなければならない時間が、長くなっているのである。

　以上の❶❷を踏まえると、これからの時代、専門分野をひとつしかもっていないのでは、不安だといわざるをえない。その専門性は、長い「現役」時代の間のどこかで、テクノロジーによって代替されてしまうかもしれない。そうすると、仕事がなくなる危険性があるのだ。

　そこで重要になるのが、教育・研修である。

　従来の社内教育や研修は、メンバーが「今の仕事をちゃんとこなせるように」ということで行われるのがメインだったのではないだろうか。しかしこれからは、メンバーに**複数の専門性**をもってもらえるようにする必要がある。

　教育・研修制度の整備にあたってめざすべきことは、**最大限の選択肢を提供する**ことである。

　自社にしか通用しないノウハウやルールではなく、汎用的なスキルや、労働力としての市場価値の高まる知識、最新の技術などを学べる**多様なコンテンツ**を用意する。そうすることで、メンバーの意識が上がり、生産性と会社への貢献度もアップするのである。

■ いつでも重要なのは学ぶ人の主体性

　教育・研修に関して、何よりも重要なのは、学ぶメンバーの**主体性**である。

　たとえば、中学校や高校で「勉強嫌い」になったという人は少なくない。それはなぜかというと、「勉強させられるから」である。どんなに興味深い内容で、将来役に立つことであっても、「勉強しなさい」といわれて勉強するものは面白くないし、身につくこともない。

　会社での教育・研修も、それと同じである。メンバーの各自に「学びたい」という思いがなければ、総務が何を用意しても無意味である。

　最初にして最大のミッションは、**メンバーの「学ぶ姿勢」を作る**ことだといえる。上記のような**時代の流れの中で「学び」が重要になってきていることを、メンバーに理解してもらう**のが第一歩だろう。危機感をもってもらうことも、学習への意欲につながる。

6-02

研修の準備と評価

質の高い研修を継続していくために

━━ 社内研修のメリットとデメリット

研修には、大きく分けて、**社内研修**と**外部研修**がある。ここでは、自社で内容を決めて本番の進行まで主導するのが社内研修、業者にアウトソーシングするのが社外研修だとしよう。

社内研修のメリットは、メンバーをよく見て内容を練ることができる点である。講師は社内メンバーから選び、会場もオフィス内やオンライン会議ツール上にすれば、特別に費用がかかることもない。研修の内容が日々の業務に活かされているかなどのチェックとフォローもしやすい。

ただし、メニューの検討や教材の準備、会場の確保、備品の準備などを自社で行わなければならず、手間がかかる。また、社内メンバーが講師だと、まったく新しい知識やスキル、刺激などがもたらされる可能性は、あまり高くない。

━━ 外部研修のメリットとデメリット

外部研修だと、メニューや講師を幅広い選択肢の中から選べる。新しいアイデアを持ち込んでくれることにも期待できる。また、準備を業者に任せれば、手間も省ける。

しかし、費用はかかる。メニューやスケジュールの細かい調整も難しいかもしれない。さらには、講師や業者の担当者が、社内事情や研修の目的を正しく理解してくれるとは限らない。

━━ 研修の準備

一般的な社内研修の準備の仕方を紹介しておこう。

❶研修を企画する

❷社内の承認を得て、予算を確保

❸会場の確保（オンラインも可）

❹講師を決め、スケジュールを押さえる

❺講師との打ち合わせ（継続）

❻研修対象者への案内、出欠の把握

❼備品や機材の手配・確保

❽当日の進行を運営側で確認（必要に応じてリハーサル）

特に大事なのが、❺の講師との打ち合わせだ。研修の背景や目的、研修を受けるメンバーの状況などについて、共通認識を作り上げておこう。

■ 研修の評価

研修が終わったら、どれくらい効果的だったのか、しっかりと評価しておく必要がある。ここでは、アメリカの経営学者ドナルド・カークパトリックが考案したカークパトリックの4段階評価を紹介しよう。

レベル❶は「Reaction」。受講直後のアンケートなどで、研修を受けたメンバーの満足度（**研修満足度**）を測定する。

レベル❷は「Learning」。筆記試験やレポートなどによって、メンバーがどれくらいの理解や知識を得たか（**学習到達度**）をチェックする。

レベル❸は「Behavior」。研修を受けたメンバーの行動がどう変わったか（**行動変容度**）を、本人へのインタビューやまわりのメンバーの評価によって測る。

レベル❹は「Results」。研修によって、メンバーや職場の業績がどれくらい上がったか（**成果達成度**）を調べる。

効果を可視化しないまま研修をくり返しても、ムダが増えるだけかもしれない。忙しくても、評価まで含めて研修なのだと考えよう。

6-03

さまざまな研修

自社の状況に合った研修を実施する

内定者研修

研修にはいろいろな種類がある。ここではその中の一部を紹介していこう。まずは、採用が内定した人に対する研修である。

その目的は、実際に入社するまでの内定者のつなぎとめと、仕事を始めるにあたって最低限必要な知識やスキル、ビジネスマナーなどを身につけてもらうことである。

内定者研修では、参加を義務化している場合、研修に参加してもらった日に関しては、給料を発生させる必要がある。就業規則などに、内定者研修中の給料に関する規定があれば、その金額を支払う。規定がなければ、通常の給料と同じ計算をする。実際の支払いは、入社後、通常の給料に合わせて行うことが多いようである。

新入社員研修

新入社員研修の目的は、学生気分を脱して社会人としての自覚をもってもらうこと、会社や部署を理解してもらうこと、基礎的な知識やスキル、マナーを身につけてもらうことである。

その中には、**PCの使い方**や**ビジネスマナー**の研修も含まれるだろう。特に注意しなければならないのは、これからの時代、**リモートを前提とした内容**にしていく必要があるということだ。

リモート導入研修

これまでオフィスに集まって仕事をしていた部署が、リモートワークへ移行する際、リモート導入研修を行うのも効果的である。

　これを実施する場合のポイントは、オフィス勤務に慣れ親しんでいるメンバーに対して、**事前の根回し**をしっかりとしておくことだ。

　リモートワーク導入は、単にツールの導入ではなく、ワークスタイル改革の一環であることを、メンバーに理解してもらわなければならない。社内報やイントラネットも使って、組織とメンバーにとっての必要性やメリットを伝えておこう。

■ OJTリーダー研修

　「**OJT**（62ページ参照）をどのように進めていけばよいか」のノウハウを身につけるための研修では、教育する側である上司・先輩からの、新人・若手メンバーへの指示の出し方、ほめ方・注意の仕方、報連相の受け方などがメニューになる。

■ 中高年社員研修（再就職研修・定年延長研修）

　中高年メンバーだけをターゲットにした研修は、外部研修としてアウトソーシングで行われるものが多いようだ。新しいテクノロジーの使い方を習得してもらったり、仕事へのモチベーションを上げてもらったりするのが目的となる。

■ 社長・経営者研修

　総務がワークスタイル改革を進めるにあたって、たとえば社長にリモートワークへの理解を深めてもらいたいとする。そういう場合、関連する研修を受けることを勧めるという手がある。研修の情報を集め、選択肢をいくつか用意して提案してみてはどうだろうか。

　社長・経営者の受ける研修は、**外部研修**となることがほとんどである。ただ、あえてイベント的に**社内研修**にしてみるのも、**社内コミュニケーションの活性化**につながるかもしれない。

6-04

資格講座など

受講にかかる負担をどうするか

■■ 資格系講座

　財務、会計、簿記、ファイナンシャルプランナーなどは、会社がメンバーに指示して取得させる資格の代表格である。これらも、インターネットを介した**eラーニング**の講座が増えている。勤務を続けながら受験準備をするのが、以前よりはるかに容易になっているのだ。

　また、近年では部署を問わず、IT関連の資格を取得させるところも多い。中でも最も基本的なものに、**マイクロソフト・オフィス・スペシャリスト資格**（**MOS資格**）がある。WordやExcelのスキルを証明するもので、それらを販売するマイクロソフト社が用意している。「PC研修はしたが、使いこなせているメンバーが少ない」「会社全体の底上げがしたい」というのならば、ある程度一律に取得させることを考えてもいいかもしれない。「スペシャリストレベル（一般）」と「エキスパートレベル（上級）」の2種類があるが、前者ならばハードルはけっして高くなく、独学でもほぼ準備が間に合う。

　また、採用の際に内定者に「入社までにMOS資格を取得しておくように」と指示する会社もある。どこまで強制できるかの問題はあるが、これをやっておけば全員の一定レベルが担保される。

■■ ビジネス系講座

　ビジネスマナー、パソコンの基礎知識、社会人の心得、仕事の進め方なども、eラーニングの講座として用意されている。研修の対象者が少ない場合などは、利用を考えてもいいだろう。内容がほとんどアレンジできないのがデメリットだが、その反面、開催の準備などに総務や人事の人手をかけなくてすむというメリットもある。

■ 社 費 留 学

　人数こそ多くないものの、ひとりあたりで考えれば会社の教育制度の中で最も大がかりになるのが、海外への社費留学である。渡航費、滞在費、学費などの費用が会社もちになり、しかも多くの場合、1年や2年続く。送り出すほうも行くほうも、かなりの覚悟が必要になる。

　ただ、これもITのおかげで、少し様相が変わりつつある。オンラインでの授業だけで、修士などの学位が取れる大学・大学院が増えているのだ。しかもその中には、ハーバード大学、スタンフォード大学、オックスフォード大学、ケンブリッジ大学といった、世界でもトップレベルの大学まで含まれる。

　内地留学も充実してきた。国内の大学院にも、平日の夜や週末に1〜2年通うだけで、ビジネス界のエリートの称号ともされる**MBA**（**経営管理学修士**）が取れるところが増えている。

■ 授 業 料 の 補 助 や 勤 務 の 融 通 を ど う す る か

　海外への社費留学の場合、かつては、留学期間中も給与を支払いつづけることも多かった。今は、休職扱いとし、滞在費や学費だけを会社が負担することも増えている。

　一般的な資格取得などでも、「受講料は本人と会社のどちらが負担するか」「受講日は残業をなしにするなど、勤務時間は融通するか」は大きな課題だ。また、勤務のかたわら、資格取得のための勉強を続けるのは負担が大きい。それを乗り越えるだけのモチベーションをどうもたせるかも考えたい。ケースバイケースだが、次のようなパターンがある。

□ 受講料の援助をする
□ 資格を取得したとき「お祝い金」などの名目で一時金を出す
□ 資格手当として毎月の給料に上乗せする

リモートとリアルの使い分け

新しい時代の教育の方法

━━ 知識を得るためのeラーニング

これまで、会社における教育の形式としては、集合研修が多かった。しかしコロナ禍以降、大人数を集めることは難しい。インターネットを使った**eラーニング**が主流になりつつある。「三密」を回避できるのみならず、在宅でも受講することが可能であり、各メンバーの都合のよい場所と時間を選択できる。

159ページで、最大限の選択肢を提供することが重要だと述べたが、それはコンテンツの面だけでなく、形式の面でもいえる。eラーニングは、勉強したい人に、多様な選択肢を与えてくれるのである。

またeラーニングは、各自の進捗に合わせて利用できるというメリットもある。個別最適化が可能なのだ。知識を得るためならば、eラーニング形式はまことに都合がよい。

━━ リアルの場も用意する

しかし、実践的に何かをやってみて、それに対してアドバイスをもらったり、込み入った質問をしたりしたいときは、eラーニング形式では限界がある。

知識だけ学ぶものはeラーニング形式で完了させつつ、アウトプットをともなうものには、**リアルの場での研修**を用意する。そんな使い分けが、これからのスタンダードになっていくだろう。

リモートとリアルのどちらかのスタイルに無理やり当てはめるのではなく、**学ぶ内容に適したスタイルで、「いいとこどり」をしながら実施していく**ことが求められる。

第 **7** 章

リスク管理の戦略と実践

先の読めない時代のリスク管理

決め手は「know who」

━━ VUCA時代の災害に備える

　総務が司令塔となって進める**ワークスタイル改革**は、**VUCA時代**（38ペー
ジ参照）とも呼ばれる先の読めない時代に、会社を生き残らせるためのもの
である。

　そこで大きな課題のひとつになってくるのが、**リスク管理**だ。2011年の
東日本大震災、そして2020年代初頭の新型コロナウイルス感染症の蔓延
で、突然到来する危機の恐ろしさが痛感された。「リスクにどう備えるか、
何かが起こったときにどう対処するかは、会社の生き残りのためにも重要
だ」という認識は、かなり広まったのではないだろうか。

　たとえばコロナ禍のようなパンデミックが起こったとき、メンバーを出
社させるか否か、出張や通勤の制限を設けるのか、どのような感染拡大防
止策を取るかなどの判断が必要になる。そして、対策を推進していくのは
やはり総務だろう。この章では、リスク管理の考え方や実行の仕方を解説
する。

━━ BCPの策定

　企業が災害などの緊急事態に直面したときのために、あらかじめ決めて
おくべき計画を、**BCP**（Business Continuity Plan、**事業継続計画**）という。

　これは、災害などによる損害を最小限に抑えつつ、メインの事業を継続
する、あるいはできるだけ早く復旧することを目的とする計画だ。平常時
からBCPを決めておき、いざというときに実行できるようにしていれば、
顧客や取引先などからの信用が高まり、企業価値が上がる。BCPを作って
おくことは、リスク管理として必須である。

　BCPで決めておくべき内容としては、次のようなものがある。

□ 優先して継続・復旧するべき中核事業は何か
□ どれくらいの期間を目標に中核事業を復旧するか
□ 顧客に提供するサービスのレベルをどれくらいに維持するか
□ 事業拠点や生産設備、仕入品調達などの代替策

　これまでBCPを策定していなかった企業の総務担当者も、コロナ禍を受けて、策定しておくべきだったと痛感している。
　また、BCPを策定していた企業も、おもに地震などの自然災害を想定していた。パンデミックへの対応も十分に盛り込んで、BCPをアップデートしなければならないという意識が高まってきている。

未経験の事態に対応できるように

　では、どのように対策を考えていくべきなのか。
　リスク管理の要諦は、「**最悪の事態を想定し、楽観的に対処すること**」だといわれる。まずは、「想定外」をどこまでなくせるかが重要だ。
　そのためのカギは、**情報収集**である。世界中のさまざまな事例の情報を手に入れ、判断材料にしていくのだ。コロナ禍でも、早々に在宅勤務を決断してダメージを最小限に抑えたIT企業が有名になった。
　問題は、情報が多すぎて、的確な判断が難しいことだろう。そこで**情報の分析能力**が問われてくる。
　情報を分析する際に、最も有効なのは、**専門家と連携する**ことだ。第1章でも述べたが（39ページ参照）、近年、「know how」よりも「know who」**が大事**だといわれるようになった。
　「knou how」は、過去の経験から得た知識である。これは、未経験のものに対しては有効ではないかもしれない。そこで、「知っている人」を知っているという「know who」、つまり専門家との連携が必要となってくるのだ。
　経験したことのない事態に備えるために、専門分野に精通している人とタッグを組んでいくことが、ニューノーマル時代のリスク管理の大事な点なのである。

7-02

リモート環境下で災害に対処するには

「自分ごと」としての防災意識の醸成

■ リモート時代の防災の困難

第2章などでも述べたが、戦略総務が推進する**ワークスタイル改革**は、**オフィスとリモートのハイブリッド**という、新しい働き方を実現していくはずである。しかし、リモートの比率が高まった状況では、リスク管理において独特の難しさが出てくる。

従来の防災対策の多くは、メンバーのほとんどがオフィスで働いていることを前提に構築されている。オフィスでの防災備蓄品の準備、オフィスでの停電時の対応、オフィスにだれかいることを前提とした対策本部の設置など。

しかし、リモートワークが一般に普及し、メンバーが分散した状況で、もし大震災が発生したら、いったいどうなるだろうか。

リモートワークであっても、就業時間中であることに違いはない。そのような状況では、会社としてメンバーの安全を確保する責務が生じる。しかし、ほとんどが自宅勤務、あるいはコワーキングスペースやサテライトオフィスで働いている状況で、どこで仕事をしているかわからないメンバーたちを、守りきれるのか。防災をも担当する部署として、総務にとっては頭の痛い問題である。

安否確認はシステムの問題であり、稼働していれば対応はできる。災害対策本部も、「部長が動けなければ課長が、課長がだめであれば係長が動きはじめる」など、自動的に組織化される仕組みがあれば、機能としては立ち上がる。

しかし、そもそも「災害から身を守る」ということについては、各自任せとなってしまう。会社として、オフィスやシステムをしっかりと整えるのはもちろん必須だが、それだけでは在宅勤務者に対しては効果がない。

つまりは、総務部としてやれることは、**各メンバーの防災意識の醸成**に

どうしても限られてくる。それしかできない以上、ここに徹底的に力を注ぎ、各自を啓発して「災害を生き抜く力」をつけさせなければならない。

　とはいえ、たとえば地震について、「いつ起こるかわからない」というリスク意識は、「すぐ起こるわけではない」というふうに置き換えられ、ついつい忘れられがちである。どのようにしてメンバーの意識を高めていけばよいのだろうか。

━ 健康経営を参考に

　ここでヒントになるのは、第5章で説明した、**健康経営**の進め方ではないだろうか。

　健康経営も、すぐには効果が出るものではなく、また、健康な人に対して「健康を意識した活動をしてください」と要請しても、なかなか動いてくれない。そこで、**継続性**が課題になる。

　健康経営をうまく継続している企業では、まず経営トップが**健康宣言**をしているところが多い。そして総務などの管理部門が中心となり、社風に適した無理のない施策に取り組んでいる。成功事例を取り上げて、その効果を本人に語らせることで、メンバーに**「自分ごと」としての意識**をもってもらう。そのような取り組みを息長く続けていくことで、じわじわと当事者意識を醸成し、「自走」するように導いていくのである。

　これを、防災意識の啓発に当てはめてみよう。

　まず、経営トップによる**防災宣言**で、「メンバーの安全と安心を第一に考える」ということを知らせる。そして、無理なく自宅でできる防災施策や震災対策を、身近なメンバーの事例として広報していく。一年を通じてつねに何らかの情報を発信しながら、9月1日の**防災の日**には大きなキャンペーンを打つ。そういった取り組みが、防災への意識を自然と育てていくだろう。

　戦略総務は、ワークスタイル改革という「攻め」を続けながらも、それにともなうリスクを、つねに冷静に分析しなければならない。**「守り」の意識も忘れてはいけない**のである。

━━ パンデミック対策 ❶ 感染ルートをつぶす

　パンデミックに対するオフィスの対策については、一般社団法人日本経済団体連合会のHPで、**オフィス対策ガイドライン**が提示されている。かなり細かく方法が提示されており、実際問題どこまでできるか、悩んでしまう総務担当者もいるだろう。

　考え方としては、最大限に対応するべきである。ただその際、細かい項目を端からひとつずつ実行していくよりも前に、**まずは全体感を把握する**のがコツである。そうでなければ、「木を見て森を見ず」になってしまいかねない。

　基本的な考え方は、**感染ルートをつぶす**ことだ。

　新型コロナウイルス感染症の感染ルートのひとつは、**飛沫感染**である。感染者の咳やくしゃみの飛沫を直接吸い込むことで感染してしまう。

　これをつぶすには、やはり**マスクの着用**が有効だ。感染者のウイルスが飛沫によって拡散するのを防ぐことができる。「自分は感染していないから、ウイルスをまき散らすことはない」と思っている人でも、無症状で感染しているということはありうる。すべてのメンバーにマスク着用を徹底させるべきである。

　もうひとつの感染ルートは、**接触感染**である。モノにふれたとき、そこに付着していたウイルスが手について、その手で目、鼻、口をさわることで感染してしまう。

　これをつぶすには、消毒用エタノールや次亜塩素酸ナトリウムによって、**モノの消毒**を行うのが有効である。多数の接触が想定されるドアノブ、共用備品、機材などを、こまめに洗浄・消毒する。

　メンバーには**手洗い**を徹底させよう。そして、手洗いをする前に不用意に目、鼻、口にふれないこと。

■ パンデミック対策 ❷ 免疫力の維持

　また、免疫力が低下すると、感染リスクが高まる。パンデミック対策としては、**免疫力の低下を防止する**ことも重要だ。免疫力は、思春期にピークとなり、40歳代でピークの50％、70歳代でピークの10％にまで減少する。年齢が高いメンバーほど、この免疫力の維持が重要になる。次のようなことを心がけてもらおう。

□ **十分な睡眠時間の確保**
□ **バランスの取れた食事**
□ **適度な運動**
□ **ストレス解消**

　第5章で説明した健康経営に、パンデミック対策という切り口を導入するのも手だろう。

■ メンバーの理解を得る情報発信

　パンデミック対策として、総務が対応することで完結するものは、じつは多くない。**飛沫感染防止用のアクリル板の設置**くらいだろう。
　先に述べたドアノブや共用備品、機材などのこまめな消毒は、総務がすべて行うというよりも、メンバーに呼びかけて各部署でやってもらったほうがよい。
　そういった対策についてメンバーの協力を得るためには、リスク管理に関する意識を高めてもらう必要がある。**リスク管理についてのマインドセット**が、ある意味、最も大事なのである。
　メンバーには、感染症に罹患した場合の大きなデメリットを理解してもらおう。想定される健康被害、家族をも感染させてしまうリスク、仕事への支障などに関して、**正しい情報を発信する**。そして、リスクを回避するための施策に協力を求めることが、感染対策の本質といえるだろう。

━━ 感染対策にもDXを

パンデミック対策として、さまざまなデジタルツールも登場している。

たとえば、**オフィス内の「三密」を回避するデジタルツール**だ。事前にアプリをダウンロードしておくと、そのスマホが認識され、特定の部屋にいる人数が把握される。そして、設定されている人数を超えると通知されるのである。出社率をもとに、各部屋の制限人数を割り出して設定しておけば、「三密」を避けられる。

オフィスにおける感染対策で、問題となるのが共用部だ。特に、かなりせまい空間を不特定多数が利用するエレベーターの「三密」には、利用者の多くが不安を感じている。その対策として、**どのエレベーターに乗るとよいかを指示してくれるデジタルツール**もある。

建物やフロアの入口の**検温システム**も、一般化してきている。顔認証や社員証によるセキュリティシステムと連動すれば、「だれが検温ではじかれたか」や、「だれが出社して、どの部屋に滞在したか」のログが残る。感染者が出てしまった場合、濃厚接触者を割り出したいときに、たいへん役に立ちそうだ。

このような感染対策DX関連機材を駆使して、パンデミック対策への各メンバーの負担をいかに減らせるかが、総務としての腕の見せどころでもある。その実現のためにも、**総務の情報収集能力**が問われるのだ。ベンダーと良好な関係を保ち、さまざまなメディアに目を配って、新しい情報を収集しつづけよう。

━━ BCP訓練

もちろん、オフィスが対策をとらなければならないリスクは、パンデミックだけではない。「火災や震災などのときにどう対処するか」は、いつも重要である。

いくら立派な**BCP**（168ページ参照）があったとしても、それ自体はあくまで計画でしかなく、いざというとき実際にそのとおりにできるとは限らな

い。そこで必要になるのが、**BCP訓練**だ。中小企業庁は「中小企業BCP策定運用指針―緊急事態を生き抜くために」を定め、最低限のBCP訓練のメニューとして、次のような内容を推奨している。タイトルには「中小企業」とあるが、大企業から個人商店に至るまで参考になる内容だろう。

❶机上訓練

メンバーどうしで話し合う形で、策定したBCPの手順に沿って、それぞれの役割を確認し、実際に活動できるかどうかを検討する。

❷電話連絡網・緊急時通報診断

「緊急事態が発生したあと、速やかに従業員に連絡が行き渡るかどうか」を確認する。

❸代替施設への移動訓練

バックアップの工場や事業所を準備している場合は、復旧要員の一部を実際に移動させ、その場所で事業を復旧させる計画を予行演習する。

❹バックアップしているデータを取り出す訓練

緊急時におけるBCP発動を想定して、バックアップしているデジタルデータや書類を利用できるように、バックアップ場所から取り出してみる。情報システムを利用している場合は、代替システムを準備し、問題なく起動させられるかどうかを試す訓練を含めることが望ましい。

これらにプラスして、**防災訓練**の必要性も強調されている。

社内訓練でなくとも、各自治体が主催する防災訓練も行われている。そのような訓練に参加することは、社内の防災能力を高めるだけでなく、自治体や近隣の会社との連携を強めることにもつながる。災害が発生したとき、自治体や近隣の会社とのつながりがあれば、大いに助けられるはずである。

在宅での安全性をどう確保するか

さまざまなケースを想定して備える

■ 新耐震基準に適合しているか

在宅でリモートワークを行うメンバーには、どのようなことを気をつけてもらえばよいだろうか。

まずは、地震への備えとして、**自分の住んでいる家やマンションが新耐震基準に適合しているかどうか**を確認してもらうことだ。

新耐震基準は、1981年6月から用いられた基準であり、この基準に従って立てられた建築物は、震度5強程度の中規模地震では軽微な損傷を受けるだけですみ、震度6強から7に達する程度の大規模地震でも、倒壊は免れるとされている。

1981年6月よりも前に建てられた建物は、この基準に適合していない可能性が高い。もし可能ならば、転居したほうが無難だろう。

また、2000年6月には基準が改正され、より厳しくなっている。改正前の期間に建てられた建物も、念のために、耐震検査を受けたほうがよいかもしれない。

■ 落下防止とガラスの飛散防止

建物自体が地震に耐えたとしても、家の中でモノが落ちてきたり、倒れたりして危険が生じることはありうる。

リモートワークを行うメンバーには、仕事部屋に限らず、**家具の固定**を徹底してもらおう。また、書棚やタンスの上の重量物に対して、**落下防止**の工夫も必要である。

窓ガラスや、タンスなどの家具に使われているガラスは、災害時に割れて飛び散ると、避難の邪魔になったりケガの原因になったりする。**飛散防止フィルム**を貼るだけでも、そのようなリスクを防げる可能性が高まる。

━━ いつでも避難できるように

　想定される災害は、地震だけではない。近年、ゲリラ豪雨が増えており、台風によるダメージも深刻である。会社のメンバーが、自宅で浸水や洪水の被害にあうことがありうる。

　メンバーには、各自治体が出している**ハザードマップ**を、必ず確認してもらおう。

　家のある場所が浸水被害地域に入っているならば、一段高い危機感が必要になってくる。**避難場所**を確認し、**非常時持ち出し袋**を用意して、いざというときに速やかに避難できるようにしてもらう。

━━ メンバーが自宅にとどまる場合のために

　災害が起こったとき、自宅の被害が軽微で、自宅にとどまったほうが安全だという場合もあるだろう。そういうときのために、**ある程度の期間、外出せずに暮らせるような道具類や食料品の備蓄**も欠かせない。

　総務としては、**社内で用意していた備蓄品をメンバーに届ける**ように動くべきだが、非常時に確実に届けられるか、量が十分かは予想しきれない。各メンバーにも、自分で確保・管理しておいてもらったほうがよい。

━━ マニュアルとチェック

　以上のように、想定されるさまざまなパターンについて考え、**リモートで災害に遭遇した場合のマニュアル**を作成しよう。そして、すべてのメンバーに配布するのである。さらに、**必要な対策を各自が取っているかのチェック**も、定期的に行いたい。

　これまで、大きな災害が何度も襲ってきたが、間があくと災害の恐ろしさは忘れられがちである。それを引き締めるのが総務の役目ではないだろうか。つねに最悪のことを想定しつつ、ベストな対応が取れる体制を整えていこう。

緊急時のための備蓄を見直す

リモートのパターンに合わせて物資を確保

▬ 備蓄の考え方も変わる

　防災にしてもBCPにしても、リモート時代を迎えて、大きな見直しが必要になった部分がある。**緊急時のための備蓄**である。

　大半のメンバーが本社や支店のオフィスに勤務するのならば、各オフィスのメンバーの数をもとにして、備蓄の量を考えればよかった。しかし、リモート時代には、在宅勤務の者もいれば、サテライトオフィスでの勤務の者もいる。これに対応したやり方が必要なのである。

▬ パターン別の備蓄

　食料や水などは、オフィスの場合で**最低でも3日分を確保しておく**のが基本である。ほかには、**災害用トイレ**や**毛布**なども必要になる。

　まず、**オフィス勤務のメンバーのための備蓄**については、「**従業員数×出社率**」で割り出した人数を基本にするべきだろう。となると、従来よりはかなり減らしていい会社も多いはずだ。

　在宅勤務のメンバーに対しては、たとえば、普段は本社などで備蓄し、緊急時にはそれを送り届けるやり方がある。ほかに、「防災用品購入費」などの名目の手当てを出し、自分で購入・管理してもらうこともできる。

　サテライトオフィスについては、その管理状況次第だ。自社で管理しているのならば、そこに備蓄するのが効率がよいだろう。他社との共有のサテライトオフィスの場合は難しい。勤務者たちの自宅が近いのならば、各自の自宅に備蓄してもよいかもしれないし、備蓄のための保有スペースが確保できるのならば、それを利用してもよい。ケースバイケースで考えよう。

第**2**部

今、総務があるべき姿

激変した環境下における総務のプロからの提言

豊田健一　本日は、株式会社Hite & Co.／CEOの金英範さんと、これから
の時代の「戦略総務」のあり方についてお話をしていきたいと思います。
というよりも、私のほうからいろいろとご質問をして、それに対して金
さんのお考えをうかがう、という形で進めさせていただけましたら幸い
です。金さん、よろしくお願いいたします。

金英範　よろしくお願いいたします。

━━ 総務の仕事に影響を与えるもの

豊田　最初におうかがいしたいのは、「総務の仕事は、どのようなものに影
響されるのか」ということです。たとえばオフィスは、デジタルツール
の変化から、影響を受けたりしますよね。それと同じように、総務の仕
事は、何から影響を受けるのか。そこをまず金さんから解説していただ
けますでしょうか。そしてそれを踏まえ、「今はどういう時代なのか」と
いう話に進みたいと思います。

金　私は、証券会社や自動車会社、ITや製薬企業など、いろいろな一般企
業の総務部という枠で、30年近く実務経験を積んできています。「総務」
といったとき、企業じゃない総務、たとえば国や地方公共団体の総務と
か、水族館の総務とかもあるでしょうが、私は「自社の利益を最大化す
る」というビジネスにおける総務を主軸にしてきました。

　そういった観点で話しますと、やはり外部から受ける影響として、一
番大きいのは**競争**ですね。同業他社って必ずいるわけで。競合が出てき
てそこに勝たなきゃいけないというのは、ビジネスで当たり前のことな
ので、どの会社でもそれは同じことだといえると思います。

　そうすると、総務に影響を与えるものとして、まずとても大きいのは、
その会社のビジネスの**外部環境**ですね。いわゆる外部環境については、
よく**PEST**（ペスト）というふうにまとめられます。

豊田　「P」は**Politics**（ポリティクス、**政治・法律の要因**）、「E」は**Economy**
（エコノミー、**経済的要因**）、「S」は**Social**（ソーシャル、**社会的・文化的要因**）、
「T」は**Technology**（テクノロジー、**技術的要因**）です。

金 はい。たとえば政治・法律的要因でいうと、自社のビジネスに関連する法令がどうなっているか、法令の改正の動きなどはないか。とても高いところからの視点なのですが、総務は意外と、これについて知っている必要があります。「こういう法改正の動きがありますよ」ということをほかから言われて、受け身で動いているようでは、総務の仕事になりません。証券会社だとグラススティーガル法、自動車会社なら環境系の法規制、一般的なものでも、たとえば派遣法改正などがよい例ではないでしょうか。

最近注目されているものでは、ＳＤＧｓ（Sustainable Development Goals、**持続可能な開発目標**）やＢＣＰ（Business Continuity Plan、**事業継続計画**）があります。法律だけではなく、社会的に影響力のあるキーワードやメッセージがあり、そういうものはどんどん変わっていきます。

総務が仕事をするうえで、変化しつづける外部環境を知らないと、それに振り回されてしまいますが、外部環境に敏感であれば、周囲をリードする立場になりますよね。総務の仕事は、外部環境に適切にキャッチアップして先に発信するか、振り回されるかのどちらかになります。残念ながら、実際は9割以上の方が振り回されているのですが……。

もう1点は、自分のビジネス特有の**内部環境**です。ここまで話したのは、コロナもリモートワークもそうですけれど、みんなに共通するもので、それが総務の仕事に大きく影響を与えるのは、ある意味、当然の話ですよね。しかし、「その業種の外部環境は何も変わっていないけれど、自社のビジネスは変化している」ということもあるわけです。自分のビジネスが成長している、もしくは競合他社に買収されているとか、そういうケースバイケースの変化、ドメインごとの変化です。

たとえば会社がＭ＆Ａを行って、「会社を拡大するから、どうしても総務はそれに対応しなきゃいけない」となるとか、オフィスを作らなきゃいけないとか、あるいはビルを出なきゃいけないとか。これはもう、いわゆる社会環境とかとはまったく別に、自分の会社の都合の話です。

これをへたにやると、結果的に競合他社に負けてしまうわけです。新入社員も入ってきてくれませんし、何だか会社が寂しい感じになってし

まって、競争面で不利な立場に立たされる。外部環境に関係なく、自分のビジネス環境でへたにやると悪い影響が出てしまいますし、うまくやればいい環境を作れます。

　大事なのはこの2点でしょうか。外部環境と自社の内部環境から、総務は大きく影響を受けます。

━━ 変革とテクノロジー

豊田　社内の内部環境でいうと、たとえば、**社員の考え方や価値観に振り回される**ようなことも、やはり出てくるのでしょうか。

金　まさにそのとおりですね。ビジネスが変わると、やはりそこで働く社員もどんどん変わってきますし。たとえば自動車の会社でいうと、今は「100年に一度」というような枕言葉がついてしまうくらいの変革期ですよね。「変革」と言葉で言うのは簡単ですが、本当にもう、血みどろの状況が生まれているわけです。その中では当然、社内での「勝ち負け」も含んだ対立や葛藤も出てきます。総務としては、そういうものにも敏感でなければならないというか、そこから逃げてはいけないというところはありますよね。

豊田　外部環境については、先ほどPESTの話が出ましたが、その中で「T」のテクノロジーが総務に与えるインパクトは、非常に大きいと思います。

金　そうですね。特に最近は、それが目立ってきました。今はポリティクスもソーシャルも全部変わってきていますから、「PEST激動期」といった様相を呈してきていると思いますが、中でもテクノロジーは、大きな変革期を迎えています。

　総務ファシリティの仕事は、自社の**社内マーケティング**ができていないとうまくいかないという面があります。昔は100人くらいの会社で、総務が1人か2人いて、自分の会社の社員の名前と顔が一致して、一緒に飲み食いして近い関係になって、「あの人はあんな感じの人だからこう言えばいい」とか、「あの人が空調寒いって言ってきても、こう答えれば

大丈夫」とか、感覚的にマーケティングできていれば簡単な仕事だったんですね。これが今はもう社員が1000人とか、1万人とかいう会社が出てきて、お互いの顔がわからないという中で、同じ仕事をしなければならなくなっています。そうすると、社内マーケティングにおいて**ビックデータ**が必要になってきますよね。

　それでも以前は、一律ヘルプデスクを設けて、社員でクレーム管理を行い、その傾向をいわゆる統計分析で割り出したりしていたわけですが、今は**データサイエンス**を採り入れる必要が出てきました。データサイエンスは、人間が行う統計分析をはるかに超えた、ビッグデータを活用するもので、制度設計にもかかわってくる。このテクノロジーがかなり進歩してきているので、総務も無視できません。進歩したテクノロジーを使わないという選択をすると、競争不利になってしまい、会社が廃れる一方ですよね。

　そういう意味ではテクノロジーについては、データサイエンス全盛の今、**エビデンスにもとづくベストデザイン**とか、**エビデンスにもとづくベストオペレーション**をどうやって出していくか。要は、データのエビデンスが存在するならば、いちいち総務などの管理部門を間に入れず、「社員が直接そのデータを見て、行動を変える」というレベルにもっていくのが、最近の傾向ですよね。グローバル的にもそっちの方向に向かっています。

　具体的にいうと、朝、「今日は、100人の社員のうち、70人がもうオフィスに来ていますよ」という情報を、社員が自分の家でゲットして、自分の行動を変える。「今日はオフィスに出るのをやめて在宅勤務にしよう」とか、「この傾向だと、午後にはオフィスの社員が30人に減ることが予測されるから、そのタイミングに合わせてランチ後にオフィスに出よう」とか。そういう情報を、いちいち総務に聞かなくてもゲットできて、自分の行動を変えられるレベルになってくると、いい仕組みが簡単に作れるわけです。

　しかし、データだけ取っても、うまく発信できなければ、社員からの文句や問い合わせが増えるばかりです。「そんな情報、どこに載っている

の？」と聞かれて、「ホームページに載っていますよ」とか、「メールで流していますが、見ていませんか？」とか、そういうレベルではどうしようもありません。

　最新テクノロジーを使って、ちゃんと社員が知りたい情報を測り、アクセスしやすい形のデータにしておく。たとえば二酸化炭素の濃度もそうですけど、簡単に測れるし、そのデータをシェアするのもけっこう簡単に、低コストでできます。テクノロジーとその使い方を知らないと、結局、ユーザーから文句ばかりくることになります。

　これは、ある意味、テクノロジーだけの問題ではなく、PESTの「S」、ソーシャルにかかわっています。技術的要因と社会・文化的要因が、今、とても密接になってきているのです。社会観念の変化に対するソリューションとしてのテクノロジーというわけです。

　「ソリューションが出てきたのでよかった」という見方もできますが、しかし、まだ足りていないところもあります。いろいろなテクノロジーのテストケースとか、いわゆるベータ版とかもどんどん出ているので、総務としては、「テクノロジーの進化を見ながら、先端的な技術も使ってみよう」というチャレンジの気持ちも必要ですよね。

　どうしても総務って、テクノロジーを製品として買いたがりますが、それは一番まずいというか、へたなやり方です。そもそもテクノロジーとは、一緒に育てるようなものなので。「まだベータ版だけど一緒にやりませんか。共同データ開発を行って、それを製品化したいので」みたいなテクノロジーでも、意外とうまくできていたりするので、攻めの気持ちで使っていくのが大事です。そういう意味でも、テクノロジーに対して敏感でなければ、損をしてしまうような時代になってきています。

━━ この時代をどうとらえるか

豊田　そういったいろいろな要因がある中で、今この時代をどうとらえればいいのでしょうか。よく**VUCA時代**（38ページ参照）などといいますが、この時代を認識するためのキーワードなどはありますか？

金　ひと言でいうと、「戦後最大の変革期」とか、そういう言葉になってしまいますね、どうしても。私自身は、総務にかかわる仕事はまだ30年ちょっとしかしていないわけですが、もっと長くかかわっている人も、みんな「自分の経験してきた中では、こんな変革期は一度もなかった」と言っています。たとえば、50年くらいやっているクレイグ・カックスという人の話を聞いてもそうです。長年同じ仕事をやっている職人さんってやっぱり、その業務のことをよく知っているわけなので、その方たちが言う言葉には、ある程度信頼性があると思います。そういう意味では、「戦後初めて」というくらいの変革期に、今たまたま直面しているわけですが、それを運が悪いと思うか、チャンスと思うかは、その人次第というところじゃないですか。

豊田　それをもうちょっとブレイクダウンすると、たとえば**働き方改革**とか、リモートワークが標準化されたとか、そういうようなところでの変革期ということですか？

金　そうですね。先ほどから何度も話に出しているPESTが、もうぐちゃぐちゃのカオス状態で、ここまでカオスな状態はこれまでありませんでした。

　わかりやすいところと比較してみましょう。たとえば**リーマンショック**は非常に大きな変化でしたが、PESTでいうと、変わったのは「P」と「E」だけです。ポリティクスが変わって、規制変更とかがいろいろあり、また、もうとにかくみんな貧乏になってしまったのでエコノミーも変わりましたが、ソーシャルな観念は変わりませんでしたし、テクノロジーもそんなにまだ進んでいませんでした。

　ですから、そこへの対応はとてもシンプルでした。そのとき、私もある会社の総務をやっていましたが、もう縮小すればいい、「人切り」すればいい、それで何とか会社を存続させるという、簡単なロジックでした。

　そこでは働き方は変わっていません。働き方を変えずに、サイズを変えただけです。スペースを返却するか、もしくはスペースを縮めようと。たとえば、3フロアあった会社が1フロアに縮まっても、全然問題ありませんよね。小さくなったその1フロアをより魅力的にして、人を惹

きつけるわけです。ただ、外観はおしゃれでも、内側に一歩入ったら、社内は昭和のオフィスだったとか、そういうこともあるわけですが。

そういう流れが、リーマンショック以降、ずっと続いています。これはそんなに難しくなくてシンプルですよね。何も変わっていない中で、見た目を変えて体裁を整える。フロントだけすごくきれいで、背後を見たら何も変わっていないという世界です。

でも、今はそんなごまかしがきかなくなっていて、テクノロジーも進化して、ソーシャルも変わってしまっています。ソーシャルの変化に当たるのが、まさに働き方改革です。

これまでは変数が「P」と「E」のふたつだけだったのが、今はPESTの4つ全部になってしまったわけです。変数が多い関数になってしまっていて、どれを優先していいかわからない、どうしていいかわからない。そんな中で、多くの人はもう自分から動くのをやめて、止まってしまう。そしてやることは、まわりを見ること、そして真似することだけ。「何となく、成功しているものを真似すればいい」という、そんな安易な方向に行ってしまっているように見えます。

リモートワークの導入だって、自社の性格を考えずに、「あの会社は9割やっているからうちもやろう」とか、そうなってしまうわけです。会社だって、法「人」である以上、性格をもっています。固有のDNAというか、カルチャーがあるはずです。それをある意味無視して、みんな一辺倒な方向に行ってしまっているのが、とても危険ですよね。

■ 改革は痛みをともなう

豊田　ある意味、思考停止ということですか？　「真似すればいい」みたいな。

金　はい、思考停止になっています。まったく考えていないという意味ではないですが、他社のことばかり気になって真似し、共通解を求め、自分の責任をもった判断と行動ができない総務が今、本当に多いので、まずいと思います。

過去の経験からすると、シンプルな方程式に臨んでいるときのほうが
まだよかったのです。失敗しても、さじ加減がちょっとまずかったなと
いう程度で、そんなに大きな失敗はない。しかし今はもう、根底から失
敗するリスクを感じます。働き方改革も、簡単なことではないはずなの
に、安易にやろうとしてしまっていて。

　社員満足度調査などを行うと、「7割が在宅勤務を希望しています」と
か、「週に3回在宅勤務したいという人が大半です」とか、そういう結果
が上がってくるわけですが、その表面的な部分だけを見て、オフィス作
りとか働き方全体を定義してしまう傾向があります。それは非常に危険
というか、失敗に向かって邁進しているような感じですよね。

豊田　変数がたくさんあるのに、ひとつの変数だけ見て「えいやっ」とやっ
てしまうから失敗する、ということでしょうか。

金　**変革は痛みをともなう**ということを、ちゃんと理解したうえでやって
いるならいいんです。社員だって、週3回在宅になって、「家のこともで
きるし、あれもできるしこれもできるし、仕事も給料ももらえるし」で、
「よかった、よかった」ですめばいいのですが、変革とは、必ず痛みをと
もなうものです。「どこに痛みをともなうのか」を明確に理解したうえ
で、それにチャレンジして、痛みを引き受けていかないと、実際は変わ
らないんですよ。

　わかりやすくいうと、**成果しばり**がちゃんとできてないと、在宅勤務
とかリモートワークは結局、じり貧になってしまいます。会社の生産性
が落ちて、「みんな、オフィスに戻ってこい」ということになるわけで
す。

　大きな変革なのに、どこに痛みが生じるかわからないままやって、実
際に痛みが生じると「これはまずい、みんな戻ってこい」となるようで
は、だれもついてきません。やはり個々が、「自分が何を変えなければな
らないか」「どうやって成果を出すか」をわかっていなければいけませ
ん。

　「withコロナ」の緊急時は、みんな何とかしてしまうので、ある意味ま
だよいのですが、平常に戻ったとき、このあたりのことで相当すったも

んだが起こると思います。痛みと、そこへの対処の仕方を知っているか
どうかで、明らかに勝ち負けが出てくる気がしますね。

　総務の仕事や施策についても、総務の担当者自身がどこまで理解して
いるか、いろいろな会社の総務の人にちょっと質問しただけで、よくわ
かってしまいます。「ここはちゃんとしているな」とか、「あ、これは
ちょっとやばそうだな」とか。

豊田　改革とセットになっているはずの痛みを、どこまで把握できるか、
ということですか？

金　そうですね。大事なのは、まず自分を探して、**自分をちゃんと理解す
る**というところです。

　ダイエットにたとえるとわかりやすいでしょうか。80キロの人が50
キロになるというのは、無理やりやっちゃえばできてしまうかもしれま
せんが、必ずリバウンドは起こりますよね。自分を知って、体質改善を
しない限り、戻ってしまうわけです。体重とか体脂肪率といった数字だ
けではなく、たとえば内臓脂質がちょっと高めだとわかったときに「自
分にはこういうものが効きそうだ」というふうに、**自分への理解にもと
づいて継続的に対策を実行していく**ことが大事なんです。個々の体質は
みんな違うので。

　それぞれ、「自分が何をすべきか」「どういうふうにしたらいいか」と
いうのをわかったうえで、それを実践すると、どうしても痛みが生じま
す。正直、きついですよね、やっぱり。でもやがて、それが「普通」に
なります。多分、「普通」になるまでには3年くらいはかかるでしょう。

　よく、「オフィス改革は7年かかる」といわれます。大きなカルチャー
チェンジが起こって、それに自分が本当に適応できるまでが、だいたい
7年ということですね。今、働き方改革はそれを1年でやろうとしてい
るので、これは非常に無理があるというか、リバウンドするだろうなと
いうのはすぐにわかります。

　短くても3年くらいのスパンを見て、それぞれの社員が「こういうふ
うにやったら自分は変わっていく」というところにちゃんとコミットし
て、それをちゃんと上司なり、会社なりと共有して、実際にひとつひと

つ実現していく。そんなふうに、3年プランくらいでやらないとうまくいきません。何となく「働き方が変わった、よかった」なんて言っていて、気がついたら競合他社に負けはじめて、「何だかおかしいぞ」と社長が焦ってきて……となるのが目に見えていますよね。

■ 総務の「自分探し」

豊田 だからまずは前提として、自分のこと、自社のことを知るのが必要になるわけですね。

金 そうですね。「**自分探し**」というか、企業としてのDNA、カルチャー。「何にモチベーションをもっているか」は、ベンチャー的な会社と、もうピークをすぎてメンテナンスをしているような大きな会社とでは、まったく違いますよ。

　ピークをすぎた会社も、またそれなりのやり方があるわけです。そういう会社は、やっぱりその会社のブランドを守ることにモチベーションをもっているんですよ。社員も、名の知れた会社に勤めているということで、自分のモチベーションを支えている。そういう場合、はっきりいっちゃうと、だいたいのことは我慢できるという面があります。そこに適したやり方をすればいい。

　逆に、「会社の名前は関係ない」という人もいます。まだスタートアップだし、会社の名前が世間に知れているわけではないけれど、仕事がめちゃめちゃ面白い、というような人。ピークをすぎてメンテナンスしている会社の人とは、働くモチベーションが違うわけです。そういった会社で同じ施策をやっても、絶対に成功するわけがありませんよね。

　オフィスの変え方も、サービスもそうです。まず必要なのは、**自己分析**です。自分がどのステージで、会社自体がどういうステージなのか。どういうカルチャーなのか。勤めている社員の年齢層とか、そのモチベーションとか、性格診断みたいなところですね。

　会社の自己分析をすると、当然みんな違うのです。傾向がわかったら、反対の一手を打たなければいいわけですよね。方向が合っていれば

いいんです。

　そういうことを踏まえて、「うちの会社の今後の未来の働き方はこうだ」というのを打ち出していかなければならないわけですが、これについては、いったん7割くらい納得できればいいんじゃないでしょうか。**会社の将来に責任をもてる人たち**が7割くらい納得して、「それでいいんじゃないか」といえるような案をまとめる。

　ここで「会社の将来に責任をもてる人たち」といっているのは、社長ということではありません。だいたい社長は、「今」にしか責任をもっていませんから。社長とか、現在のマネジメントに責任をもっている人を除いて、将来に責任をもつ人たちの間で、方向性をまとめられるといいのではないかと思います。

　そういった案があれば、改革が動きはじめます。完璧なプランはできていなくても、のちのち修正していけばいいんです。ただ、「最初はこういう案だったけれども、あきらめて白紙に戻して、ゼロベースでやり直そう」などという話をよく聞きますが、これはいけません。思考が止まってしまうだけなので。いったん7割が納得したのなら、その方向でやっていくべきです。3年くらいやれば、自分たちの本当の働き方が、おおよそ見えてくるはずです。

　その過程で、総務が影響力をもって、あきらめずにつなぎ止めるような役割を果たさなければならない。接着剤みたいな、ファシリテーターみたいな役割は、過去を見ても、どこの会社でもやはりコーポレートサービスやファシリティマネジメントという部門が引き受けてやっていますよね。

　たとえばマイクロソフトだって、昔は今の形とはまったく違っていました。今の形になるまでに、たくさんの変革があったわけです。2000年とか、その前のもっと初期の頃は、古いタイプのオフィスでした。マイクロソフトも、20年くらいの間にガンガン変革して今があるわけです。

豊田　だから、いかに自分らしさを探すかが大事になるんですね。簡単な猿真似で、他社を真似してうまくいくというわけじゃないですよね。

金　まあ実際は、うまくいくケースもあります。「とりあえずそれで行く」というのもアリだとは思うのです。同じ業界で同じような状況なら、前提条件がけっこう似てくるので。

　薬と同じですよね。「だいたいみんなに効く薬」ってあるじゃないですか。ただ、ダイエットでもそうですけど、自分なりのやり方をもたずに真似するだけでは、たとえ成功してもやっぱり自信がもてないというのが大きい。そして自信がないと、何かあったときにくじけてしまうんです。ほかの人の「成功体験」を真似て、自分なりのデータや考えをもたずにいろいろ飛びついてしまう「健康サプリ」もそうですね。でも結果が出ないから、また次にあれもやってこれもやってと、もうずっと真似ばかり続けて、結局、何も成果があがらないということになるわけです。

　だから、実際に変革を継続してしつこくやろうというなら、最初に自分たちがある程度納得しないと難しいですね。そのためにはやっぱり、参考にする程度ならいいのですが、真似まではいかないほうがいいと思います。単に他社のやり方を否定するのではなく、批判的な目をもって、「あの会社はそうだろうが、自分の会社はこうだと思う」というふうに自社と他社の違いを認識する。

　なぜ「自分の会社はこうだ」と思うのか、ロジカルな形で、クリティカルシンキングを積み重ねて議論すると、「あ、なるほど、そうだ」と落ち着くポイントが、どこかにあるはずなのです。それをちゃんと導き出して、具現化して、体系化して、概念化して進んでいけばいい。それをやっている会社とやってない会社で、まったく違いますからね。継続力と結果に直結してきます。

豊田　いろいろな外部環境に対応するには、真似するにしても、自社のカルチャーとのすり合わせが必要になる。そのためには大前提として、ちゃんとした軸をもって「自分探し」をしていなければならない、ということですね。

金　そうですね。時間さえかければ、それをやらなくても自然に変わるものなのですが、今は急いで求められてしまっているので、ちょっとバタバタ急がなきゃいけない状況だと思うのです。だから、そういう整備の

仕方は必要ですよね。

　自発的に変わるのを待っていると、やはり競争としては、同業他社にどんどん負けていく。ですから、変えるのも競争ということになってきていますよね、市場的には。

　たとえば、保険会社のA社が「働き方変革でこういうのをやっています」とプレスで出すと、同業のB社が焦るわけですよ。社長が「うちはどうなっているんだ？」って総務に言ってきて、総務が「いや、うちは違うんです」って言うと、「何が違うんだ？」となりますよね。自己分析ができていないと、そこで話が止まってしまうわけです。でも、もし自己分析できていて、完全に把握できていたら、その把握している内容をポーンと出して、社長を納得させることができます。

　とはいえ、その自己分析の「賞味期限」も、3年か5年くらいです。今はそれくらい、変化のサイクルが短いんです。自社に対する把握も、3年くらいで見直す必要があります。

━━ 成功する総務パーソンの特徴とは？

豊田　そうなると、総務の「自分探し」は、継続的に随時やっていかなければいけないわけですね。

金　そうですね。逆にいうと、それが面白さでもありますよね。「何も世の中に変化がないと、一番つまらない仕事何ですか？」と聞かれたら、私は「総務」と答えますね。

豊田　「自分探し」をしながら、そこが面白みになっていくわけですね。

金　そうです。多分、「変化があるときのほうが面白い」というのが、総務だと思いますね。要は、球拾いみたいな仕事ですから。もうすでにある球を、みんながうまく回している状況というのはつまんないわけですよ。

　過去の例でいうと、たとえばBCPという仕事もそうです。あと、社内監査とかSDGsとか**CSR**（Corporate Social Responsibility、**企業の社会的責任**）とか、いろんなものが入ってきて、洋モノが入ってくるとだいたい総務に

振られるわけですよ。「ちょっとお前、やっとけ」みたいな。そういった外部環境の変化への対応を、まず総務が受けるというケースは多いですよね。

　そこを「また来たか」「ほい来たか」「新しい概念きたぜ」みたいな感じで楽しめるかどうか。総務パーソンとして実際に成功している人たちの、明らかな特徴をひとつだけ挙げろといわれたら、多分そこだと思います。**何らかの外的変化に対して、興味をもって「何なんだ？」と考え、楽しむ**習性があるのではないでしょうか。そうすると、会社の中でも、貴重な存在になることができます。

　逆に、外的な変化があったときに、「いや、うちはそういうのは関係ないです」と言って、いろいろと屁理屈を並べて「総務の仕事を増やさないでください」なんて言ったら、そこで終わってしまう話です。

■ 総 務 に 不 可 欠 な ３ つ の 情 報 源

豊田　そういった外的変化は、どういうところで察知するものなのでしょうか。新聞を読むとか、専門家と話をするとか、いろいろあるでしょうけれども、重要な情報源は何ですか？

金　私の経験上、３つのことがいえます。ひとつは、**新聞やテレビ、インターネットなどから自然に入ってくる情報**です。アンテナを張っていれば、SNSからでも、いくらでも情報が入ってきますよね。ですからもちろん、有用な情報を選択する目が必要にはなりますが。ごく普通に入手できる情報は無視できませんし、特に、自分の業界のビジネスに関連するニュースは、ちゃんと見なければいけません。

　私もいろいろな業界のファシリティマネージャー、総務部長、総務課長をやってきましたけれど、ひとつの業界にいるときは、その業界の専門家になるくらいの気持ちでアンテナを張りました。まあ、本当の専門家にはなれないわけですが。証券会社だったら証券業界に関連するニュースですね。どうしても時間がなかったら、自分の業界に関連する部分に絞って拾い上げていけばいいと思います。もちろん、コロナとか

そういう社会的なニュースは、あらゆる人に影響するようなこともあるので、ちゃんとチェックしておきたいですが。

ふたつめは、**自分から出ていって仕入れてくる情報**です。総務って、どうしても会社の中に閉じこもりがちな仕事なので、自分から外に出ていかないと、ある意味、ガラパゴス化してしまいます。別の会社で同じ総務の仕事をしている人とかと、横のつながりがあるといいんですが、普通に仕事をしているだけでは、そういうつながりはできません。

「そういうコミュニティを作ろうよ」といって、20年ぐらい前、「ユーザー懇談会」というものを作りました。これは現在も続いています。特に「続けよう」と努力しているわけでもないのですが、事務局を置いているだけで20年も続いていて、今はもう200人を超えています。それというのも、やはり総務の間で、「会社の外とつながりをもちたい」ニーズがあるからでしょうね。ちょっと前まではメールでやっていましたが、もっと新しいツールを取り入れて、LINEで交流したり、Slackで交流したりしています。やはり、同じような仕事をしている人たちからしか入ってこない、質のいい情報はあるので、総務どうしの横のつながりは大事です。

3つめは、**いろいろな業者さんや専門家とつき合うことで得られる情報**です。オフィス機器の業者さんだけじゃなくて、ゼネコンさんもそうですし、建築家さんもそうです。総務がオフィス環境を作り上げるためには、いろいろなプロの方から協力を得る必要がありますが、そういう人たちから得られるインプットはとても大事です。

総務にいると、自分の会社がつき合っている業者さんからしか情報が入ってこないので、たかだか30社くらいなんですよ。これはよく考えたら、大きな問題です。ある意味、洗脳されてしまうようなものです。

たとえばA社という会社が、オフィス機器の最大手のB社という会社と、20年つき合いつづけているとしましょう。「B社に任せていれば安心だ」ということで、オフィス移転の際は、何も考えずにB社に頼むわけです。これはB社からしたら、とても「おいしい」お客さんですよ。市場にはもっといいものがあっても、「長いつき合いだから」というだけで

選んでもらえるわけです。これは別にB社が悪いわけじゃなくて、その業界の市場を見ないA社が悪いのです。比較して選ぶことはできるはずなんですから。

　ここでも、総務の横のつながりをもてば、「ほかの業者で、もっといいところがあるんだ」とわかって、そういう別の候補とも接点をもつことができます。

　それから、業者の中の団体というのもあるわけですよ、業界団体みたいな。そういったところに所属すると、その業界の情報が入ってきて、自分がつき合っている会社のポジションがわかります。いわゆる業界マーケティングができる。そうすると、「あ、この部分はB社に任せればいいけど、あの部分はC社だ」というふうに、自分で配分できるようになる。

　要は、**買い物上手**になるわけですね。会社のお金をたくさん使うのは総務なので、買い物下手ではまずいわけです。買い物上手になるために、その業界とコミュニケーションを取る必要があるし、そうすると新しい情報が入ってくる。「そんなソリューションがあったんだ」というような。

　まとめると、さまざまなメディアから入ってくる情報、他社の総務との横のつながりからの情報、そしてよくつき合う業者さん関連の情報。総務の重要な情報源は、とにかくその3つです。3つともなかったらもう、オセロにたとえると、隅を4つ取られたようなもので、勝てるわけがないという状況ですね。

■ 情報産業としての総務

豊田　総務という仕事は、情報産業みたいなものですね。

金　だと思いますね。だから長くやっていると、成功する人たちは結果的に、**複数のチャンネルから効率的に情報を収集**できるようになっています。もともとそうだとわかって始めたわけではなくて、目の前の仕事を成功させるためには、有用な情報を得なければならないし、次の仕事を

成功させるには、また次の情報を仕入れなければいけないし。それを継続的にやっていると、複数のチャンネルから情報を集めることが当たり前みたいになってくるわけですよね。

　頭がよくて発言力のある人が、たとえば総務部長になったとしても、その人がメディアから入ってくる情報しかもっていないとしたら、「今、コロナはこういう状況になっていて、在宅率をうまくコントロールしなければだめだ」とか、自分の頭で考えて、つき合いのあるひとつの会社にちょっと聞いて、それだけでソリューションを考えようとします。そこで提案されるソリューションは、とても偏ったものになってしまいます。非常に危険ですよね、それは。

豊田　多様な見方が必要だということですね。

金　そうです。この例でいうと、まず問題なのは、比較して選択していないところです。自分の中で、答えを出すのが早すぎるというか。「たくさんの引き出しがあって、その中から、自分の会社に合ったものを選ぶ」ということが必要なのです。やっぱり何社かの提案を受けなければ、「これだ」と思えるものは見つかりません。すごく勘がよくて、パッと正解を見つける人もいますけど。

　実際問題として、総務の仕事の経験値をもっていない人が、総務の意思決定者になっているケースが多いのです。総務パーソンとして、そのような意思決定者を相手にする場合には、**引き出しを多く用意して、意思決定者に提示する力**が必要になります。それが、膨大な情報の中から有用なものを選び出す力や、自分から出ていって情報を収集する力です。

　最近、総務のコミュニティが増えてきているのですが、その背景には、いい情報を得なければうまく回らないということがあるようです。JFMA（日本ファシリティマネジメント協会）も、新しい人が増えていて、「どうしてここに来たんですか？」と聞くと、やはり「今、会社でいろいろあって、ほかの会社の状況も知りたいんです」といった答えが返ってきます。

　LINEで総務のグループを作ったら、もう今は300人くらいになってし

まいましたからね。たいした話はしていないんですよ。「感染が出ちゃって、どうしたらいいでしょうか」とか、「リモートはんこは、どういう会社さんがありますか?」とか、本当に目先の話ばかりなんですけど、それすら、会社とつき合いのある業者にだけ聞いていても答えが出ませんからね。やっぱり横のつながりってすごくパワフルで、ポーンって投げたらもう5分後には回答がいくつも返ってくるわけですよね。それ自体がひとつのビジネスモデルになるんじゃないかと思うぐらいです。

━━ 情報のギブアンドテイク

豊田 接点がたくさんできても、うまく情報をもらうことができるとは限りませんよね。情報をもらうための方法として、テクニカルなコツのようなものは、何かあるのでしょうか。

金 私が昔から、ずっと一貫して思っていることがあります。テクノロジーの進歩に左右されない、情報についての本質のようなものです。それは、**情報は出したところに返ってくる**ということです。ですから、「**もらう」ための基本は「出す」**ことです。

豊田 まずこっちから。

金 「出す」。「出す」のあとに「もらう」です。**ギブアンドテイク**といいますが、その順番のとおりです。「テイクアンドギブ」はまずありません。テイクしたら満足してしまうので、ギブする前に忘れちゃいますよね。そうしたらもう、次の情報は回ってきません。

　一番わかりやすいのは、次のような例でしょうか。業者さんに自分の悩みを打ち明ける、これが「ギブ」ですよね。そうすると、それなりの答えが返ってきます。これが情報の「テイク」です。

　もし、業者さんに指示から入っちゃうと、業者さんは「言われたことをやればいい」ってなりますよね。オフィスの作り方も、「うちは2フロアあるけれど、これを1フロアにして、こういったゾーンを受付に置いて、これはこうで、あれはああで」というふうに業者さんに指示したら、業者さんは「わかりました。じゃあいくらかかります。お金をください」

と答えて終わりです。これは、何の情報も出していないんですよ。指示を出しているだけです。

　情報を出したいなら、正直に「いや、本当に困っちゃってるんですよ。どうしたらいいかわかんないんですよ」と言ってもいいのです。「ただ、やっぱり自社のカルチャーを大事にしたいんです」とか、「社内調査を行ったら、在宅率はこういうデータになりました」とか、とにかく情報をギブする。そうしたら、それに対して何かが返ってきますよね。

　SNSでもそうですけど、まずは発信することから。そうしたら、何らかのリアクションが生じます。発信した情報に対して返ってくる情報って、絶対自分がほしい情報なので、精度が高いですよね。そこから、今使える情報を拾うのです。

　あとは、自分の属しているネットワークやコミュニティから、良質な情報が入ってくる。世間に流れている当てにならない情報も、ある意味、9割くらいつぶす感じで取捨選択すればいいと思うんですけどね。

━━ 総務に何よりも必要なのはファシリテーション能力

豊田　ここまでのお話をまとめますと、まず、総務の仕事に影響を与えるものとして、外部環境と内部環境を挙げていただきました。そして、それらに対応していくための、「自分探し」と情報収集について、突っ込んだお話をしていただいたと思います。

　ここからは、少し視点を変えて、総務としての仕事を遂行していくために必要になる、知識、スキル、マインドといったところについて、お話をうかがいたいと思います。どんな能力を身につけておけば、総務として活躍できるのでしょうか。

金　それはもちろんたくさんあるのですが、あえて選ぶなら、まずは**ファシリテーション能力**でしょうね。「ファシリティマネジメント」という言葉の語源も、ファシリテーション（人と場の）だといわれます。

　オンライン会議などが注目されている今、ファシリテーションの力が、さらに必要になってきていますよね。メンバー全員をフラットに見

なければならない。しかも、それぞれの立場から正しいコメントをちゃんと引き出す必要がある。要は、**引き出す能力**としてのファシリテーション能力です。これが一番大事だと思いますね。

　私自身、この総務の業界のファシリテーターなんていってもらえることもあります。関係者が集まったときに、いろんな人から意見を吸い上げる役割は、わりと好きだし、得意かもしれません。豊田さんもそういうことは、生まれながらにすごく上手ですけれど。

豊田　いえいえ。

金　勉強しなくても、もう素養がある人はいるんですよね。だから、ある意味、もともとファシリテーション能力のある人が総務に向いているという見方もあります。「総務だから、これを磨かなきゃいけない」と頑張っているだけでは、難しい面もあります。それは基礎能力なので。

　「きく」という言葉には、「聞く」「聴く」「訊く」の3つの漢字がありますよね。ファシリテーション能力は、この中では「訊く」に当たります。問いかけてきき出すということです。自分からしゃべって、そしてきく。情報のギブアンドテイクの話でも言いましたが、まず発信して、返ってくるものを受け取るのです。

　ファシリテーション能力が高いとなぜよいのかというと、**総務の仕事自体が、いろいろな人からのインプットがないと始まらないもの**だからです。社員、部門、経営者と、多くの人から情報を受け取らなければ動けませんし、何が大事なのかもわかりません。社内マーケティング力みたいなものです。

　社外的には、業者さんからのインプットも大事になります。ちなみに、業者さんのことをよく「先生」というんですけどね。業者さんを「業者」と呼んでいると、何だか、「偉い立場の自分が業者に指示を出す」といった感じになってしまいますから、すべての業者さんは「先生」ですということで。

　ファシリテーターとしての総務とは、オーケストラにたとえると、指揮者みたいなものかもしれません。「私はピアノ出身ですが、今は指揮者をやっています。ほかの楽器はさわったこともありません」という感じ

ですね。何かしら自分の専門性はもっているけれど、その楽器を演奏するのではなく、指揮者の立場に立たされている。そして、ほかのメンバーはそれぞれ、ホルンにはホルンのよさがあり、ヴァイオリンにはヴァイオリンのよさがあって、それぞれをきき出さないと、オーケストラ全体としてよい演奏はできない。ファシリテーションとは、全員で調和のとれたひとつの成果を出すという、まさに指揮者のような能力だと思うのです。

━━ 観察力とホスピタリティ

金　このファシリテーション能力は、**バランス力**でもあり、**人間観察力**でもあります。「部長だから」「課長だから」といった肩書ではなく、「それぞれ違った人間性をもっている」というふうに人間を見る。そういう視点も必要です。

　「人間」としてのかかわりという意味では、総務は結局はサービス業なので、**ホスピタリティ**も重要です。というか、そもそも私は、**ファシリテーションと観察力とホスピタリティという3つは、重なっている**ような気がするのです。

　こんなことを言ったらちょっと申し訳ありませんが、コンビニエンスストアの店員さんたちを見ていても、ホスピタリティのない人とある人、すぐわかりますよね。マニュアルどおりに袋詰めして「はい」と渡してくる人と、お客さんの状況を見て、何か手こずっている感じだったらすぐに「はい」とやらないで、ちょっとゆっくり余裕をもって動いて、お客さんが準備できたら「はい」と渡してくれる人。これは、観察力ともいえますが、ホスピタリティですよね。

豊田　はい、そうですね。

金　**相手の状況によって行動を変えられる人**が、ホスピタリティのある人だといえると思います。それは観察力と関係していますし、それが上手で普通にできている人はファシリテーション能力があります。ですから、総務としての成功は約束されたようなものです。

豊田さんの好きな言葉に、**MBWA**（36ページ参照）というのがありますね。「ウロウロ力」というか、ウロウロ歩いて社員の様子を見て、「今、こうなんじゃない？」って言ってあげる感じ。これもホスピタリティですね。これがうまくハマると、みんな喜んでくれますよね。

　本当に細かいことですよ。「このイス、邪魔じゃない？　どけます？」とか、「コピー機の位置、ちょっとよくなかったかな？　動かしますよ」とか。言われてからやるのではなくて、何となく気づいてあげて、それを直してあげるという。

　ただ、これは今までの感覚です。最近はやっぱり、**データサイエンス**が入ってきてしまったかなというのはありますね。個人が個人からきき出すだけじゃなくて、測って、分析して、そのデータにもとづいて変えていかなきゃいけない部分が出てきました。そういうわけで今、いろいろな会社で、総務が分析するためのデータをたくさん集めているのですけど、正直なところ、現在の総務には、そのデータサイエンス力がないのです。私も含めてない。だから、それをAIに任せるにしても、どうやったら任せられるのかもわからないんですよね。これからの時代は、そのあたりは基礎能力として必要になってくるのかなという気はします。

　とはいえ、とりあえず総務に必要な能力ということでいえば、観察力やホスピタリティと一体になったファシリテーション能力だと思います。強いてひとつ挙げるならこれです。

━━ 総務が絶対にもっているべき人間観

豊田　それを裏から支えている人間観のようなものはあるのでしょうか。「人をどう見るか」といったような。

金　「自分が何に幸せを感じるか」というところですね。最近のヒット曲に、NiziUの「Make you happy」という歌がありますよね。あれを娘が聴いていて、私も何回も聴かされているのですが（笑）、聴いたときに、「ああ、そうだな」と思ったんですよ。「あなたを幸せにする」という、

メイク・ユー・ハッピー。

　メイク・ミー・ハッピーだと、エゴですよね。メイク・ユー・ハッピーは、「あなたの幸せが私の幸せ」「あなたの幸せな笑顔を見ているのが、私の幸せ」という、そういう価値観です。あの歌は、総務をやっている人たちにぜひ聞かせてあげたいです。「人を幸せにするのが自分の幸せ、だから社員を幸せにする」というのは、総務の基本的な人間観だといえるのではないでしょうか。

　幹事ってそうですよね。飲み会でも旅行の企画でも、幹事なんて、だれもやりたくないですよ、面倒くさいから。でも、そういう面倒くさい裏方の仕事をしっかりやると、幸せな人が増える。みんな「ありがとう」と言ってくれるし。

　たとえば、社内運動会の企画だって、はっきりいって面倒くさいですよ。それでも、「社内運動会をやったら、社員がみんな幸せになる」と信じて、予算を取って、提言するわけです。ファミリーデーも、やったらみんな幸せな笑顔になるし、家族も喜ぶ。そういうのを仕掛けていくことの裏にあるのは、メイク・ユー・ハッピーなんですよ。人が幸せなのを見たいという願望。これがない人は、総務をやめたほうがいいと思います。

豊田　やめたほうがいいですか。

金　はい。

豊田　とはいえ、メイク・ユー・ハッピー精神のない人が、総務に配属されてしまう場合もありますよね。そんなとき、後天的に変えられるものでしょうか?

金　いや、悲劇ですね。

豊田　悲劇?

金　はい。私の過去の経験からいうと、そこは変えられないのです、残念ながら。これは人の性格なので。よし悪しじゃないですよ。総務に向いているか、向いていないかというだけのことです。

　とはいえ、「石の上にも三年」ではないですが、長年苦労してその仕事を遂行していると、その「仕事性格」ができ上がってきて、変われる人も

います。ただ、私の経験からすると、それには10年は必要かと思います。ひとつの「職」（ジョブ）を極めるには10年かかる、とはよくいったものですが、総務もまさにそうですね。2年の任期で成果を出せるほど、総務は甘くないです。

豊田 そういうことですか。

金 ほかの仕事には向いている人でも、その性格で総務をやると大失敗するというのは、もう悲劇のひと言です。私はそういう人を何人も見ています。「この人、まったく向いていないけれど、仕方がない、何とかサポートするしかないな」みたいな。まったく向いていない人が配属されることが、よくあるんですよ、日本の会社は。

豊田 多いですよね。

金 あくまで私の経験ですが、たとえば元購買部長で総務に来たというような人は、なかなか難しいです。元購買部長の人が総務部長になったときの対応マニュアルを作ったこともあります。

　もちろん、「購買部長はこういう性格だ」というのがあるわけではありません。しかし、その人の本当の性格ではないにしても、「仕事上の性格」ができてしまうということはありますよね。業者さんに対してガンガン言うし、予算をもっているし、ある程度の権限もあるし。そうすると、メイク・ユー・ハッピーから遠い、総務に一番向いていない性格になってしまうことがあるのです。逆に、元人事部で福利厚生担当だった人とかは、わりとすんなり総務を楽しめたりします。

━━ サプライヤーへの対応

金 もとの所属先、もしくはもとの仕事という観点からの総務要注意マニュアルは、実際に作ったことがあります。あるアウトソーシング会社をやったときに、10種類ぐらい分類して。ただ、「ここから来た人は駄目だ」といっているわけじゃなくて、「2年間総務にいなければならないなら、その2年間をいかにすごすか」という割り切です。何とか悲劇を防ぐという。

　　最悪なのは、本当に優秀だった業者さんが、みんないなくなってしまうことです。何か問題が起こったとき、手っ取り早く責任を逃れるには、業者さんのせいにすればいいわけですが、業者さんのせいにすると、新しい業者さんが来ても、やっぱりまた責任を押しつけることになるわけですよ。うまくいかないことをすべて業者さんのせいにしていたら、社内的に1回は通ったとしても、2回目、3回目もそうだと「お前がおかしいんじゃないか」となります。だから、やはりフェアにやらなければならないし、業者さんをやる気にさせなければならない。「今度の部長さん、本当にやる気になりますよ。本当に頑張ります」と言わせたら勝ちですから。

豊田　サプライヤーも幸せにするということですか？

金　そういうことです。メイク・サプライヤー・ハッピー。当然、お金などのシビアなことに関しては、厳しく言うことがフェアネスであり、それは必要ですけれど、そのフェアネスの中で、相手に幸せになってもらう。ですから、業者さんに対しても、ファシリテーション能力、人間観察力、ホスピタリティを発揮していくべきです。

豊田　そうか。人間観察力って、「この人はどこが幸せのポイントか」見つけるということもあるわけですね。

金　はい。特に専門家は、自分の専門分野が好きなんです。たとえば空調業者さんに対して、「この空調機、本当にすごいですね。こんな性能があるんですか」とか言ったら、喜んでしゃべってくれます。それでいいんですよ。「訊く」だけでいいのです。「これ、どんな性能なんですか？」とか。正直、ちょっと演じなきゃ駄目ですけど。演じるということはある意味、ホスピタリティですよね。自分の本当の気持ちじゃなくても、相手を心地よくさせればいいわけですので。そうするとその業者さんは、「この人、自分に関心をもってくれているんだ」と思ってくれますし、いい提案をもらえます。

　　業者さんには業者さんの理屈があって、A社、B社、C社とお客さんがいる中で、やっぱり、いい球を全員に投げるわけにはいきません。いい球は、大事につき合っていきたいお客さんに投げるわけですよ。「だれに

この提案をするか」というのは、業者もちゃんと選択していて、「いまいち嫌だな」と思われているお客さんは、それなりに扱われます。

　だから、いい提案を受ける人は、必ず「いい空気」を出しているわけです。その空気感を出せる人というのが、総務の基礎能力がある人だと思いますよ。まあ、そこにさらに専門能力が加わる必要がありますが。

豊田　たとえば、ホテルを経験した方は、総務に向いているということで、積極的に採用されていますね。

金　はい。ホテルのカスタマーサービス、カスタマーリレーションシップの方は、相当鍛えられています。私がジョンソンコントロールズという会社にいたときも、そういう方はまず採りましたね。そしてそういう方は、ほっといても成功しますね。

　私が知っているある方は、シスコシステムズに行っても絶賛だし、マイクロソフトに行っても絶賛だし、業種を変えてモルガン・スタンレーに行っても大絶賛で、なぜかというと、そういう「訊く」力と、答えをもっている人とつなげる力が長けているのです。それって、ホテルのカスタマーサービスそのものなんですよ。

豊田　そうですね。コンシェルジュもね。

金　いろんなことを言ってくるお客さんに対して、正しい反応ができればいい。いわば、**ハブのような役割**をしてくれればよくて、自分が答えを全部もっていなくてもいいわけです。

━━ 専門知識と探究心

金　私が米系設備メーカーにいたとき、そういう人を4、5人雇いましたけど、トラブルが起こっているところに入れると、ほっといても勝手に解決してしまうんです。総務としての教育なんて、必要ありませんでした。むしろ、専門教育をちょっと入れる。電気の基礎とか、建築の基礎とか、そういうのを少し入れてあげたら興味をもって、やる気になるんです。せっかくやっている仕事ですから、ただ聞いて反応するだけじゃつまらないので、**専門知識**を加えてあげて、自分からも質問できたりす

るようになると、すごく楽しくなってくるんですね。

豊田　そもそもホスピタリティをもっている人は、その会社の各部門の専門家である社員に喜んでもらいたいとなると、必然的に、専門知識をどんどん取り入れようということになりますよね。

金　だと思いますね。「人を幸せにする」という結果のためには、手段として、やはり専門知識が必要になってくるので。

　そもそも総務の仕事って、働く場がないと、そんなに必要とされませんよね。働く場があるためには、まず土地がある。会社は、それを所有しているのか、賃貸なのか、どちらかですよね。その大きな分かれ目があって、その分かれ目によってやり方が違うのだということを知っていなきゃ駄目です。そこがわからないと、総務として、おかしな提案をすることになってしまう。それは不動産の知識ですね。それも専門知識じゃないですか。そういうのも、だれかが教えてくれないとわからない。

　たとえば、文房具ひとつ取っても専門分野です。そういう些細に見えることでも、知りはじめると面白くなって、全部知ろうとしたりする。そういう**探求心**も能力なのかな。そういう人はどんどん追究して、総務に関連する分野にくわしくなっていく。

　私自身、どっちかというとそれだったのです。学生のときの専攻は建築だったのですが、建築以外の世界の面白さもわかってきて、それを探求しはじめたら、いつの間にか総務にハマっちゃったという。

　建築って、作る側の論理なんです。建築の先生が「オレが作った建築に、何を文句言ってるんだ」みたいなところ、ちょっとあるじゃないですか、正直言っちゃうと。自宅の設計でも、「いや、このキッチンの作り方は、もう譲らない」って言ってしまったり。「こういう作品を作りたいんだ」というのが建築家かなと思うんですけど、どうも私はそっちじゃないなと、自分で感じるようになって。結局は、住む人、使う人のハッピーを追求したいと考えて、総務やファシリティマネジメントに近づいていったんです。

　「作る」だけじゃなくて、「使う」というところを考えて、サービスを用

意するわけです。「どう使うか」から「どう作るか」を考える。さらに今だと、働き方から形を考える。そういうふうになっていくと、すごく面白いですよね。その専門性は限りがありませんから。法律も知らなければいけませんし、人間生態学とか行動心理学もそうですし、**エルゴノミクス**（人間工学）も、**健康経営**（第5章参照）も、**ウェルビーイング**（130ページ参照）も、人の身体や五感に影響するようなものは、すべて関係してきます。

　だから、形だけじゃなくて、人の五感と第六感まで含めたインスピレーション、イノベーションまで含めてケアしなきゃいけない。そうすると、知るべき分野が広がりますよね。**すべての専門家になる必要はありませんが、その専門家と会話ができればいい。**

　最近は、**脳科学**も注目されてきています。「金さん、脳科学ってどういうものですか？」と聞いてきてくれる人がいるんですが、私はいつも「知りません」と答えます。「ただ、脳科学の専門家と会話はできます」と。総務はこのレベルでいいんです。脳科学のツボはどういうところなのか、何を言ったらどういう情報が返ってくるのかというのは知っていますと。引き出しを知っていればいいんですよ。その引き出しの数が多ければいいわけで、そこは総務の面白いところですよね。引き出しを知っていて、あとは専門家に「訊く」ことができればいいのです。

　たとえば心理学だと、人は「心理状態」で行動を変化させるという考え方ですが、脳科学ではそうでなく、物理的な「反応」として人の行動の変化を説明します。オフィスに入った瞬間に目に入った光景によって、人は次の自分の行動を反射的に変えるのです。オフィスにその仕掛け盛り込むことを、イノベーティブに推進する楽しさと意味を、専門家と議論する、といった程度の知識（話のツボ）でよいのです。ソリューションまで知る必要ありません。むしろ、「どんな要望を出すことが可能か」を知っておく必要がある、という具合です。

豊田　**人脈作り**ですよね、そうなると。

金　そうですね。結果的には人脈だと思うんですけど。ただ、私の感覚としては、人脈というより、やっぱりその引き出しの数かな。その中に人

がいたり、人がいなくても答えはあったりとか。データで答えが見つかるかもしれませんし。

　その引き出しは、用意しようと思ったら、相当な数になるはずです。それを限定して、ユーザーのリクエストと、「社長がこう言った」と、「まわりの事例を1、2個見てきた」と、「たまたま見たあのオフィスはすごかった、真似してみよう」くらいの引き出しでやっていたのでは、絶対に危険です。

■ 専門知識はこうやって習得する

豊田　総務のいわゆる専門知識って、たずさわる分野によってまったく違うと思うのですけれども、ただ、専門知識を学ぶやり方みたいなものは、多分ありますよね。この専門知識の習得の仕方は、どういうふうに考えたらよいのでしょうか。だれに学ぶのか、どこから学ぶのかとか、その学び方とか。

金　それは、人はみんな違うと思うので、自分の経験しか語れないのですが。専門知識ということでは、まずは**業者さんや専門家の方に聞くこと**ですよね。専門家というのはどの分野にもいるわけなので。

　私はたとえば、BCPについては自分が専門家といえるくらいになったのですが、最初はBCPの専門家からいろいろ聞きました。アメリカの方で、もう無限の可能性というか、いろんなケースをもっていました。2000年をちょっとすぎたくらいで、当時日本では、BCPという言葉すら「な、何？」みたいな感じでした。東日本大震災までの間は、外資系くらいしかBCPを使っていなかったのです。震災以降は、日本の会社も当たり前にBCPを使うようになりましたが。

　私がBCPの勉強を始めたときは、本当に手探りというか、わからなかったんですよ。わからないから、専門家に聞くしかない。**聞いて、自分がそれを実際に体験する**。聞いて体験すれば、みんな勝手に習得していくと思います。ゴルフと同じかもしれませんね。やってみないとわからない。

だから、理屈だけでやっても駄目です。**いちおう理屈は聞いて、結局はやってみるというので、やっぱり時間がかかるのです。**

　総務って、「シーズンもの」がありますよね。お中元とかもそうですが、「夏に１回起こったことは、来年の夏も起こる」ってあるじゃないですか。たとえば空調のトラブルもそうです。「何だかいつも、夏の終わりになると、空調機が壊れるんだよな」とか。そういう「シーズンもの」があるから、ひとつのサービスにつき、やっぱり２年か３年ぐらい経験しないと、そのサービスに対する専門性は磨かれません。２、３年でだいたいわかってしまうレベルで十分なんですけどね。そうしたいくつかのサービスを並行して担当することで、１年に４つか５つくらい、サービスに責任をもてるわけです。

　私の経験でいうと、たとえばトラベル管理ってありますよね、ANAとかJALとかのエアラインの契約の仕方です。これ全体で何百億かかるというところを削減したのですが、その削減の仕方を、３年くらいでだいたい習得したんです。これは今でも使えます。テクノロジーが変わっているだけで、業界はそんなに変わっていないんです。建設業界もそうですね。あと、複合機関係、ドキュメントマネジメント、アーカイブとか。紙を削減するとか、文書削減の仕方とか、これは実際にやらないと全然わかりません。ファイリング削減コンサルタントっているんですよ、実際に。私も知ってびっくりしたんですが、それだけでビジネスになるんです。

　受付サービスの管理の仕方なども、自分で実際にやってみないとわかりません。受付管理って、ただ「いらっしゃいませ」と言っていればいいわけではなく、データベース管理も行いますし、外部顧客と自社と業者さんと、それぞれマニュアルを振り分けたりもします。ホスピタリティの表し方とか、こういうのもやっぱり、経験を積んでいかないとわからない部分は大きいですよね。

　ひとつひとつ経験しないとわからないようなことを、並行して５、６個はできて、３年ほどでだいたい身についていく。総務の仕事は全部で三十数個くらいです。もちろん、細かく区切れば50とか100とかあります

けど、大枠でいうとそんなものなので、10年から20年くらいやれば多分、全部のサービスをひととおりは経験します。

　やっているときに、**その業務の専門家とちゃんと会話して、その業界を調べる**のが大事です。私、旅行業界、めちゃめちゃ調べましたから。トラベルマネジメントできるんじゃないかというくらい。出張する社員が航空券を取る際、「どういうケースならどの契約方式を使うといいのか」があるんですよ。これは、社内に知っている人がいるかいないかで、本当に何億円という違いが出てくるんです。

　そういうひとつひとつの業務に対して、ある程度の専門性は、長年経験しないと出てこない。逆にいうと、最初の基礎能力があって、20年くらい経験を積んだら、専門能力は必然的に身につくものだと思いますね。すべてのサービスをいちおうは知っていて、それぞれの分野の専門家を知っていて、引き出しの数をわかっていて、そのうえで、部下に指導できるようになる。いわゆる総務部長レベルですね。こうなれば、もうそんなに勉強しなくても実務の中で、業者さんから情報をもらいながらできてしまう。

　あと、資格という意味では、**ファシリティマネジメント**の資格は、総務の仕事の半分から7割ぐらいはカバーしています。認定ファシリティマネジャーという資格を取れば、いちおう専門用語や専門知識を押さえられますよね。

━━ データサイエンスと総務

豊田　そこから、さらに新しい専門知識として、**データサイエンス**というものが出てきています。テクノロジーの発展の中で、つねにデータを取ることができるようになり、その活用が重要になってきました。

金　そうなんですよね。これはもう、「データを取れちゃうから取らざるをえない」というのが、私の正直な気持ちです。「あ、取れちゃうんだな、そっか」という感じですよね。そして、競争相手がデータを取るなら、最初にお話しした競争原理からして、こちらも取らなければいけない。

私ももう53になるんで、「今の20代とか30代の若手の人は、ここをガンガン頑張ってね」って言いたいのですけれども。

　今は、いろんなデータを取れてしまうから、目をつぶりたくてもわかっちゃいますよね。たとえばひと昔前なら、社員が温度計と湿度計をもってきて、「ほら、27度だよ。暑いって言ってるでしょ」みたいなこともありましたが、「いやいや、このビルの空調のセンサーはこうなっていて、こういうコントロールで」とか言って、うまくまるめ込めていたんです（笑）。どうしてもっていう人には、きちんと対応して、「できること」と「できないこと」をはっきりさせて責任をもてばよかったんですが。

　やっぱり今は、スペースの活用度とか、予約したけれど使っていなくてほったらかした人のリストとか、いろいろなデータを得ることが可能です。お金をだれがいくらどこで使っているかとか、だれがどんなスペースを使っているかとか、もしくはこのゾーンは閑古鳥が鳴いているとか。二酸化炭素濃度もヒートマップも、テクノロジーを使ってデータを取り、そのデータをAIで解析して予測までしてしまう。打つべき手を提案してくれるAIもあるし、チャットなどを介してリクエストもどんどん入ってきます。それはユーザー、つまり社員が求めているものなので、総務としては知らぬ存ぜぬというわけにはいきません。やっぱりそれも競争です。「ほかの会社、こういうことやっていますよ」と言われて、「あれ、知らなかった」ではやはり、プロとして不甲斐ないわけです。ですから、やっぱり知らなきゃいけないなとは思います、データサイエンスは。

　これは、人が統計を取って、それを分析してという従来の統計学とはちょっと違います。膨大なデータをAIに勝手に分析してもらって、ひとつのソリューションを出してくるというのは、楽しみでもあり、また、怖いなというのが正直あります。ただ、今は何でもデータで測ろうとしている時代だから、しょうがないですよね。

　社内マーケティングをするうえでは、たとえば「雨の日は社員食堂が混む」とか、昔からあるじゃないですか。当たり前の法則ですけど。こ

れも、「実際に雨の日に混んでいましたよね」「この時間帯に人がたくさん来ましたよね」とか、データとしてわかってしまう。そのデータに対して、「こうしたい」という意思を伝えれば、全部自動制御できるんですよね。前もって設定温度を変えちゃったりとか。以前は、外が微妙な天気のときに、オフィスに来たらやたらに暑い、といったことがありましたよね。今はもう、全部勝手に変えてもらって、心地よい状況にしてもらうことが可能なんです。環境の面でいうと、二酸化炭素がちょっと多めになっていたら、勝手にダンパを開いて外気を入れてくれるとか。ある意味、「絶対に人を不健康にさせないぞ」みたいなテクノロジーもあるわけですよ。

　そういうのを、「知らない」「わからない」じゃちょっとまずいなと思います。使うかどうかは、予算の都合もありますが、まずはいちおうテクノロジーの存在を知っておいて、「どうしますか？　これ、使いますか？　いくらですよ」というのを言えなければ。やはり、「できればこれを使ったほうがいい」となったら、使えるように説得できるくらいじゃないと、総務業はやっていけませんから。

　だから私としては、本当にここは楽しみですね。いわゆる**DX**（第3章参照）に、今、総務が呑み込まれてきているのですが、「受け身に立ったら、食べられて終わっちゃうかな」という感じはしつつも、今後の変化が楽しみでもあります。

豊田　データが取れるということは、いわゆる**PDCA**の効果検証も可能になるので、総務がやったことを評価されやすくもなるのかなと思うのですが、どうですか？

金　そうだと思います。今まで総務は「縁の下の力もち」といわれていたのですが、データにもとづいて評価されるようになってもいいですね。

　よくいわれるのが光です。「社員にいい光を与えなければいけませんよ」というのは、ウェルビーイングの教科書に書いていますよね。これまでは、光って測れなかったんです。測ったとしても、ちょっとそこに行って測って、「ほら、こんな数字が出ているよ」で終わっていました。

　しかし、今は自動的にデータを取って、「平均何ルクスですよ」とか、

「人体のサーカディアンリズムへの影響」のよし悪しとか、そういうデータが全部わかります。リアルタイムでそれがわかるようになってくると、「社員に正しい光を与えている」ということに根拠を与えられる。

　ウェルビーイングでいうと、光のほかにも、有害物質があるかないかとか、粉塵とか、二酸化炭素、一酸化炭素、温度に湿度、それらをもう一挙に測れるセンサーが出てきたりしています。そういうテクノロジーがどんどん進んでいるんです。おっしゃるとおり、データを測ることで自分の成果をアピールすることも可能でしょうから、うまく使っちゃえばいいかなと思いますね。

豊田　これは新しい基礎知識というか、能力ですね。データをいかに取るか、見るか、分析するか。

金　そうですね。私が某外資系証券会社にいたとき、2002年くらいでしたが、IT人材をひとり引っ張って、データ分析係というのを作りました。とにかく、データをエクセルで放り込んでもらって、解析してもらっていました。それをやっていた目的は、まさに豊田さんが今おっしゃった、「自分たちがやっていることを証明するため」です。

　今ではそれがもうちょっと簡単にできるようになってきているので、チャンスですよね。自分たちの仕事を「見える化」するチャンスです。逆に、見せたくない人にはピンチですが。

━━ 総務的マインドとは

豊田　次に、**総務としてのマインド**についてお聞かせください。心のもちようといいますか。

金　マインドについては、私にはとても印象深い言葉があります。最初のほうでもお話した、クレイグ・カックスから聞いた言葉です。今でも刺さっていますし、ずっと変わらないかなと思いますね。クレイグは、総務の伝道師みたいな人です。私が彼の部下だったとき、彼は次のように語ってくれました。

　「自分は、今までだれよりも失敗しているからこそ、今はトップにいる

んだよ」

　失敗することが、トップに上がるための必然だというのは、総務の特徴なんですよ。営業だと多分、こういう言葉は通じないと思うんです。営業はそんな失敗をしてしまうと、「バイバイ」となりかねませんので。総務は、わりと**失敗する余裕がある**というか、隠すわけじゃなくても、ごまかせるポイントもあるじゃないですか。ほかの部署から見て、わからないことも多いので。ある意味、**小さい失敗をなるべくたくさんして、失敗の経験から学ぶ**という、そういうマインドセットはまず必要ですよね。逆に、成功体験ばかり語るのは、ちょっとあやしい感じの総務です。

　外資系計測機器メーカーの元総務部長さんで、今はもう70くらいの方からも、同じことを聞きましたね。そこで25年間も総務部長をやっていて、「まあ、私が過去にやった決断の半分は、ウソだったね」みたいな話。「ウソといっても、そのとき自分がウソをついたわけじゃなくて、懸命に考えたんだけど、あとになってみたら、『えっ、違うんじゃない？』というようなことを、5割はやっていたね」って平気で言っちゃうんです。

　だから、成功率5割ならいいほうなんです。この言葉を聞いたとき、私はとても心が和らぎましたね。

　「正解を出さなきゃいけない」と思うと、プレッシャーがかかりますよね。特に日本の有名な会社の総務とかだと、重箱の隅をつつくようなイチャモンをつけられることも少なくありません。「それ、大丈夫ですか？　実証されてるんですか？　ちゃんと裏は取れてるんですか？」とか言ってくる人が多いじゃないですか。それも役員が言いますよね。「どんなデータがあるんだ？　本当にそうなのか？　成功するのか？　在宅率3割って言ってるけど、本当にできるのか？」とか。「前もって証明しろ」なんて、知らないよって話ですよ（笑）。

　「大丈夫です」って保証があるなら、それをやって成功するのは、だれでもできるんです。総務の仕事はそうじゃなくて、やってみなきゃいけない。だから、**「7割方大丈夫です」って言えれば、もうガンガンやる**。と

いうことは、裏を返せば3割は失敗するわけですが、「それくらいはもういいでしょう」という感じで、ガンガンいろんな経験を積むというマインドです。

ただし、**みんなが納得する7割の正解値**を、ちゃんと導き出す必要はあります。そこではファシリテーション能力が物を言います。みんながちゃんと納得するように、「うちの会社の働き方は、いったん、これでいいよね。完璧じゃないけどいいよね。じゃあ、1回やってみようか」というのを出すんです。

あとは、それを**しっかり伝える**こと。伝道師としての役割です。納得して終わったらすぐ忘れ去られてしまうので、**みんなが納得した内容を、しつこく社内・社外に発表する**。いろんなメディアにも出て、「うちはこうやることに決まりました」と宣言しちゃえばいいんです。宣言したら勝ちですよ。

私は現在カスタマーでもある損保さんにも推奨しているのですが、**いったん社内である程度納得したら、社外に出したほうがいい**とアドバイスしています。私もそうしてきました。社内でみんなが納得しているということは、世間に向かって宣言できる権利をもらったようなものです。宣言することで、社員がまたそれを見て、あらためて納得したりするわけです。

マイクロソフトとか、いつもその戦法ですよね。先にプレスで言っちゃうんですよ、「うちの会社はこうなんだ」というのを。それも、ある程度まとめあげた総務の裏の力、つまりファシリテーションがあって、それを出しているわけです。社長が勝手に決めているわけじゃありません。「うちの会社の働き方はこうです」って出している会社さんは、裏でそれなりにまとめあげて、社内・社外にしつこくそれを伝道しているんです。

総務は、それをやることを楽しんでいます。本当に楽しいですよ、影響力がありますので。「まわりに対して影響力をもちたい」というのは、人間として普通の願望ですよね。たとえば営業の人は、会社の売上を上げて、社内での影響力をもつわけです。**総務には、働き方を設計すると**

か、**自分の会社のカルチャーを作り出すとか、そういう総務ならではの影響力があります**。この伝道師みたいな仕事は、数字では測りにくいけれども、すごく面白い。私はどの会社に行っても、これを楽しみましたね。

豊田　まず一歩踏み出して、とにかく何か変化を起こすということをしないと、失敗もしようがないですからね。

金　そうですね。**変化を起こすということについて社内の合意を得る**、まずはその努力だと思いますけど。そこでつまずいてしまう人が大半です。「どうせこれ、もう合意できないし、無理だよ」ってあきらめてしまう。でも、ヒアリングとかを地道にやっていると、けっこうみんな「いや、会社が号令さえかけてくれれば、自分はそれに従うよ」と言ってくれたりしますよね。

■ 必要な価値は外部に求めよ

金　自分たちの会社のカルチャーと、変わっていくべき将来の間で、いったん7割の正解値を導き出すということに、今、多くの会社が取り組んでいるんだと思います。私が受ける相談も、そういうものが多いんです。「うちの会社らしさって何ですか？」とか。豊田さんのところにも相談に行ってるかもしれませんが。

そういうのは、自分たちだけで考えて実践してしまうのが、一番怖いんです。だから外部に「訊く」のはいいと思うんですよね。でも、そういう話は業者さんにはなかなか聞けない。たとえばオフィス機器の業者さんに「うちの会社らしさって何ですか？」って聞いても、相手はオフィス機器を売りたいだけですから、「**なるべく機器がたくさん売れるように**」という方向では考えてくれるかもしれませんが、本質的な答えは期待できません。もちろん、ビジネスだから仕方ないですよね。

何らかの答えが、社内に存在するはずなんです。でもそれは潜在的で、見えてきていない。その答えを導き出すために、**外部をうまく使う**必要があります。それを賢くやっている会社さんはあって、そこにちゃ

んとお金も払っています。外資系は昔からそうしていますが、最近は、日本の会社さんでもそういうケースが増えてきています。

　でも、まだ旧態依然とした会社さんが多いんですよね。よく言われる言葉が、「それはお前の仕事だろ」とか「自分で考えろよ」とか。役員さんが総務部長に対して、「外部にお金払ってまでそんなことするな」と言うなんてことが、今でもあるんですよ、残念ながら。そんな発想でいる限り、その会社は変わらないだろうなと、まずわかりますね。そんな言葉に困ってしまっている総務部長さんが、世の中にどれだけいることでしょうか。

　そうはいっても実際、多くの会社は依然として、外部に頼ることはできないのです。じゃあ「総務で、自分で考える」となっても、申し訳ないけれど、難しいでしょう。そういう戦略を練ることができるだけの教育を、会社がしてくれましたか？　社外のJFMAなどのセミナーに出る時間を、会社がくれましたか？　という話ですよ。

　総務の仕事を戦略的に進められるようになる教育を、社内で受けられることはあまりありません。だから外に出なきゃいけないし、時間も使わなきゃ駄目です。私の経験だと、**総務の仕事は、外に10％くらい時間を使わないと、なかなか専門的になれない**んですよ。そういう時間や予算をくれましたかというと、多分、どこの会社もくれていないはずです。

　だから、今さら「自分で考えろ」って言われても、無理でしょうと思うわけです。本当にどの会社でも、けっこう大御所の会社ほどそうなっているので。だから、ちょっと心配になってきますね。

　同じような業界でも、たとえば総務が専門ジョブ化されている外資系などでは、「いい提案だったら、ちゃんとお金が出るように、社内決裁取るよ」と言ってきます。外部からいい提案があれば、ちゃんと対価を払って、その提案を自分たちの成功のために使えばいいだけなので。ジョブ化され成果で測られている仕組みがある会社ほど、そういう**無形価値にお金を払うという姿勢**があるんですね。

　日本の企業は、物にはお金を払うのですが、無形価値にお金を払うというカルチャーがまだ根づいていません。それがボトルネックになっ

て、変わりたいけど変われないという会社が多い。変える必要を感じているけれども、方向性が見いだせないという会社さんの多さを考えると、そこには一石投じたほうがいいかなと思いますよね。

経団連じゃないけど、やっぱり「必要な価値は外部に求めよ」と。ヤフーさんが最近やっていますよね。「副業で、社内にないノウハウを外からどんどん取り入れなさい」みたいな。あれはやっぱり正しい方向だと思います。「社内の人材が都合よく成長している」と思うこと自体が、申し訳ないけれど、マネジメントのエゴというか、ナンセンスな発想です。ノウハウというのも、どんどん変わってきているので。

「求めているものは社内にはない」とはっきりわかったら、「じゃあ外部から取ればいいじゃないか」というマインドが、会社を強くすると思います。そこで、「求めているものは、現状、社内にはありませんよ」ということを、言いにくくても、ちゃんと総務が言わなきゃいけないんです。でも、「求めていたソリューションは、外の専門家から聞いたんです」とは、なかなか言えないんですよね。どうしても、自分が考えたように見せたいですから。

私がある製造メーカーさんとつき合ったときは、担当者のKさんという方に、「いやいや、私から聞いたなんて言わなくていいし、私はタダで全部やってあげるから」と言いました。「Kさんの成功を支援したいから、全然お金もいらないですし、とにかくKさんが成功して将来偉くなったら、そのときにお仕事をください」というくらいの感じで、「私が渡した情報も、全部、Kさんが自分でやったように言っていいから」と。そしたらKさんは、本音で話してくれるわけです。

それは、本当はよくないんですけどね。外資系の会社なら、「外部からアドバイスを受けた」と言ったら、むしろ「外部をよく使った」とほめられます。先ほどのオーケストラのたとえ話でいうと、優秀なピアニストを連れてきたら、ほめられますよね。そういう仕事のはずなのに、「自分で全部やれ」と言われてしまっているところが問題なんです。でも私は、「それならそれで、自分でやったように見せていいんですよ」というふうにやっています、最近は。

━━ 総務のキャリアをどうとらえるか

豊田 外部とのつながりも積極的に利用しながら、社内のみんなが納得する7割の正解値を導き出して、あとは失敗を恐れずに行動し、発信していくということですね。

　そういったマインドをもちながら、では、総務のキャリアというものをどうとらえて、どう成長していけばよいのでしょうか。ここを最後にお聞きしたいと思います。

金 会社の中でのキャリアじゃなくて、どの会社でも通用するキャリア、「手に職」という意味ですよね?

　キャリアとしては、**私はいつまでも継続できる、終わりのない面白い仕事**だと思っています。A社でもB社でもC社でもどこでも、求められているものは何だろうかと考えると、**人を幸せにできる仕事**というコアが浮かび上がってきます。これは、キャリアの軸になりますね。

　人を幸せにするというのは、総務だけではないでしょうね。社員の幸福をマネジメントする**チーフ・ハピネス・オフィサー**（156ページ参照）が登場したりするのを見ても、社員の幸福度を上げる仕事は、どの会社にも必要なのだと思います。

━━ 社員へのケア❶入社前

金 どの会社にも、社員をケアする機能が必要です。さらにいえば、ケアの対象となるのは、在職中の社員だけではありません。「入社前の人に、魅力的な会社だと思ってもらえるか」という入社前のケアもあります。また、退社後の人にもケアが必要です。入社前のケアと、在職中のケアと、退社後のケア。この3つ全部が大事だと思います。

　入社前の、内定した学生さんなどに対するケアとしては、その会社を「いいな」と思ってもらえるようにしていけたら、お互いにとっていいですよね。場の力で惹きつけるわけです。そのために、たとえば写真とか動画とかで、その会社で人が実際に働いている姿を表現します。

　その働いているイメージは、やはり総務が作り上げるものです。演劇にたとえると、役者はそれぞれの社員ですが、舞台は総務が作るわけですから。役者がうまく演じるためには、舞台作りがすごく大事なんです。入社前の人に対する魅力の示し方という意味では、総務はそういう舞台を作る仕事ですよね。

　働き方にしても、最近は舞台設定が広くなってきましたね。本社オフィスだけじゃなくて、シェアオフィスも借りているし、リモートワークもできるしというふうに、場がたくさんあるならば、そのことを入社前の人に対して魅力的に見せなきゃいけません。

■ 社員へのケア❷ 在職中

金　入社したあとは、もう舞台は与えているので、その舞台の更新とか進化はあるにしても、別のサービスが重要になってきます。それは、**社員が今やっている業務を、個人としても、チームとしても、円滑に遂行できるようにすること**です。これが総務の一番大事な仕事で、キャリアとして面白いところですよね。

　終身雇用の日本の会社には、どうしても「釣った魚に餌はやらない」といった傾向があります。最初は魅力的に見せるけれど、入社した瞬間に、「空調の温度は28度だ、我慢しろ」とか、「エレベーターは並んで待て」とか言いますよね。

　そうじゃなくて、空調は快適にしてあげる、エレベーターも混んでいたら対処する。そういうふうに、「釣った魚」にもどんどん餌をあげて伸ばしてあげること。在職中の社員に対するケアとしては、これが一番大事だと思いますね。

　そこにかかるお金なんて、大したことありませんから。総務が使うお金なんて、会社からしたら人件費の4分の1くらいですけど、その半分は不動産コストです。これからは不動産コストが下がっていく方向なので、残りの半分のサービスもろもろ、社員福利厚生サービスも含めて、ガンガン攻められる状況なのです。

だから今は、在職中の社員へのケアについて、総務がスキルを磨く
チャンスだと思いますね。「そんなサービスあったのか」みたいなサービ
スがたくさんあるんです。
　たとえば「会社に行かないと郵便物が取れません」と言う人に対して
は、「いやいや、自動郵便物転送サービスがありますよ」と言えばいいん
です。そのためには、自動郵便物転送サービスについて知らなきゃいけ
ないわけですが。
　今、リモートワークになってきたがゆえに出てきた問題って、たくさ
んあるじゃないですか。じつは大半のものは、世の中にソリューショ
ン、またはそれに近いサービスがあり、つねに更新されているんです。
それをひとつひとつ実現して、やりたい仕事が個人としても、チームと
しても円滑にできるようにする。
　最近よくあるのは、次のようなケースです。チームでオンライン会議
ツールを使って、日々仕事ができているけれども、ちょっと行き詰って
しまって、「一度、顔を突き合わせて、3時間くらい話そうよ」というこ
とになったとします。じゃあ、どこに集まるのかって話になりますよ
ね。全員が集まれるわけではないから、オンライン参加用の大きなモニ
ターも必要で、そういう場所を本社オフィス内に確保できないかと。こ
れがニーズですね。
　やっぱり会社としては、そういう場を準備してあげるべきなんです
よ。できないなら「できない」と宣言して、ちゃんと外部にそういう場
を契約しなきゃ駄目だし。
　在職中の社員のニーズに対して、どういうケアで答えていくか。その
可能性は、今、無限に広がってきていると思います。だから、これから
の総務は、とても面白いと思いますね。

━━ 社員へのケア ❸ 退社後

金　退社した社員にも、「あの会社では、成果を出せたな」とか、「いいサー
　　ビスを受けたな」という印象をもってもらいたいものです。ファイブス

ターホテルに泊まったあとで、「いやあ、またあそこに行きたいな」というような話です。

「自分がそこにいる間、やりたいことが全部できた」「スムーズだった」「対応がよかった」「トラブルもあったけど、すぐ対応してくれた」ということなら、すごくいい記憶が残りますよね、その場に対して。そうなるようにケアしてあげるわけです。

それから、辞め際が大事です。外資系では**エグジットマネジメント**というのですが、辞めていく社員に対して、冷たくあしらうのと「また帰ってきてね」というのではまったく違いますからね。ここは細心の注意でケアするものなんです。

総務はやはり、この仕事を拾い上げて、ジョブ化して、「辞める社員に対してどういう行動を取るべきか」をマニュアル化するべきなんです。セキュリティカードを回収するときに、冷たくやるのか、「いやあ、本当に辞めてほしくなかった。また来てね」と言うのか。ある意味、本気じゃなくても、ちゃんとマニュアルとして言えるようにしなければならないわけです。ある程度サービス化する必要のあることなので。

そういうふうにケアすること、そして、そのようなケアを行える人が、どんな会社にとっても必要だと思うんですよ。

━━ 一貫したケアを総務が行う

金　会社の中で、社員の入社前と在職中と退社後を、全部ケアしてあげるのはだれだと思いますか？　いないんですよ。でも、「ケアは大事ですか？」と聞くと、みんな大事だと言いますよね。これが大事じゃないというロジックは、そんなにないような気がする。ただ、「お金がかかる」というロジックはあります。でも、かかるお金に対して、得る成果を考えたら、大したお金じゃないです。ひとり当たり、月に何百円、何千円でできてしまうんです、そのくらいのことは。

「会社にとって、まずこのケアの仕事が必要だよね」というところから始めるべきです。もともとだれもやっていなかった仕事って、突然発生

して、認知されて、「大変だ、だれがやるんだ」って騒ぎだすものですよね。それをまず拾い上げるのは、総務でいいと思うんです。このニーズに対して、入社前、在職中、退社後と、一貫して責任をもちますと。

　入社前については、これまでは多分、人事がメインだったと思うんですけど、場の見せ方は総務がちゃんと作ってあげるとか。在職中は当然、総務が主役ですが、人事と連携してやるとか。

　もうマイクロソフトでも、日産でも、トヨタでも、どこの会社でも、「社員への一貫したケア」と聞いたら、「必要だよな」と言うはずです。それで「うちでは、それはだれがやってるんだっけ？」となるでしょうが、だれもやっていませんよ。まったくやっていないか、バラバラにやっているか、どっちかですね。そういう場に関するもの、人に対する人事面以外のケアは。

━━ 社 員 と 会 社 の 対 等 な 関 係

金　だから、人事部がちょっとやりすぎちゃっているんですよね、正直に言うと。これは組織論になってしまうから、本当はそこまで突っ込みたくないですけど。

　以前は、日本の高度成長期でしかたなかった面もありますが、どうしても成長過程の中で人を抱え込む必要があったので、人事部がある程度の権限をもって、人を異動させたりもしなきゃいけませんでしたよね。多少の無理強いもしながら、終身雇用の中で「給料も上がるから、まあまあ」という感じで。それもこれまでは仕方がなかったわけですが、じゃあこれからはどうですか？　そのやり方ではもう続かなくなっているのは明らかですよね。だから、**社員と会社がちゃんと対等な関係になるべき**なんです。

　以前は、「エンゲージメント」という言葉が、「忠誠心」と訳された時代もありました。びっくりしました、私。10年ぐらい前、「エンゲージメント、会社に対する忠誠心」なんて書いてあるのを見て、「えーっ!?」とひっくり返りましたからね。「忠誠心」なんていったら、会社と社員の

間に、主従関係を作ってしまっているわけです。でも、エンゲージメントって、結婚ですよね。夫と妻が主従関係になりますか？　って話です。対等であるべきなのがエンゲージメントなので。さすがに最近は、「忠誠心」なんて見なくなりましたけど。

　以前は、「会社に忠誠を尽くしていれば、よくしてもらえるし左遷されない」とかいう感じでした。今は、「自分の実力やジョブを、会社が買ってくれる」「実力以上に高く買ってくれたら、もっと頑張って自分も成長する」という、プロ野球のような対等契約の時代です。会社に認めてもらったら、やりがいが感じられて、しかも自分が成長している。これがエンゲージメントですよね。だから、やっぱり結婚と同じですよね。お互い成長して、苦しくても一緒に頑張れる、利害が合っている状態がエンゲージメントだと思うので。

　だから、そういう利害関係で会社とのエンゲージメントをつかむことが大事なんです。どの会社でもそれは必要だと思います。

　総務の仕事という観点から見ると、社員と会社との対等な関係が感じられる場を作るわけです。これはとても楽しいことです。

━━ 総務と人事

金　人事と総務ということでいうと、もともと人事部長だった人が総務部長になったとき、よく「人事部は恨まれる仕事だったけれど、総務はほめられる仕事だ」と言うんです。権限があるだけに「恨んでますよ」みたいな文句は言われないけれど、じつは恨まれているのが人事部です。一方、総務って、空調が暑いとか寒いとか、「エレベーターを何とかしてくれ」とか「トイレが汚い」とか文句は言われますけど、でも、うまくやったらほめられる仕事なので、やりがいは総務のほうがあるかもしれませんよね。そして、入社前と在職中と退社後の社員ケアという観点で、サービス業みたいなところについては、大半が総務の範囲なんですよね、本当は。

　外資系では、終身雇用の仕組みがそもそもなくて、契約型なんです。

だからそういうところの人事部の仕事は、ひとつにはトレーニング機能です。また、権限はないけれど、部門の採用を調整して、面接の手配をしてあげるとか。入った社員のケアとか、いわゆるサポーターみたいな役割も、HR（Human Resources）と呼ばれる人事が引き受けます。外資系の場合はどの会社もそうじゃないかと思います。

　私もどっちも経験したから、やり方の違いがすごく面白いなと思ったんです。ただ、**キャリアという意味では、人事部のキャリアは総務のキャリアと方向性が同じ**ような気がするんですよね。「人をいかに幸せにできるか」という。メイク・社員・ハッピーです。

　だから、人事部の権限を全部撤廃して、異動権もなくしたらいいんじゃないでしょうか。カルビーは実際に、人事部から社員の異動権限をなくしたとニュースに出ていました。社員に異動拒否権を与えた会社もあります。だんだんそうなってきますよ。一方で社員のほうはもっと、「プロ」としての素養と、自分なりのキャリア設計が必要になっていく。会社におんぶに抱っこではなく。

　人事から、いわゆる人事権というのをいったん取り去って、社員を幸せにすることに尽くす人事部に切り替えていく。入社前、在職中、退社後という、この3つの観点で、とにかく社員を生かすという。それは思想的には総務と同じなので、**究極的には人事と総務は一緒でもいい**かなと思いますね、そういう意味では。

　ただ、総務がみんなの給料を知ったらまずいことになるので、給料計算とかそういうのは、どけておかなければいけませんが。そういう事務的なところは残りますけど、福利厚生も全部、やっぱり考え方は総務です。

　人事と総務が合体すれば、「社員食堂はどっちの管轄か」という議論もなくなります。今は、人事部が社食をやっている会社と、総務が社食をやっている会社が、ぐちゃぐちゃに乱立していますよね。社食というテーマを、福利厚生と考えるか、社員サービスと考えるかという違いだけだと思うのですけれども。そこは総務キャリアとしては、より人をケアして現場もケアするというところで、楽しい人生100年時代の主役に

なれるかなという気はしますね。

━ どの会社にも必要な仕事

金　私は、学生さん相手に話す機会もあるのですけれど、「どの会社にも必
　要な仕事って、何だかわかる？」と尋ねると、「営業？」といった答えが
　返ってきます。

　　そこで私が言うのは、「確かに営業は必要だね。でも、**バックオフィ**
　スって言葉、知ってる？　どの会社にもバックオフィスってあるんだ
　よ」ということです。たとえば、ANAは飛行機の会社だけれども、その
　会社にも人事、経理、総務、法務といったバックオフィスがある。その
　バックオフィスのひとつひとつは独立した専門性をもってるけど、その
　中で総務は、やっぱり一番、専門性がないと思われている。でもじつは、
　すごい専門性をもった専門家を束ねる仕事なんだよと。そこなんです
　よ、ポイントは。それが面白いと思うかどうかで。

　　人事になったら人事の専門家にならなきゃいけないし、法務になった
　ら法律の専門家にならなきゃいけないし、経理になったら数字の専門家
　になって財務書類を読めなきゃいけないしというふうに、バックオフィ
　スはみんな専門家です。ITも当然専門家ですよね。SEはどっちかいう
　と総務に近いですけどね、インフラによって社員を幸せにするという意
　味で。

　　そして、総務は、そういう社内の専門家に加えて外部のいろんな専門
　家を束ねる仕事なのです。専門家を束ねる仕事って、すごく継続性があ
　りますよね。専門家はどんどん変わっていきますけど、束ねる仕事は
　ずっと変わらないんですよ、必要なので。

　　だから、学生さんたちに「専門家を束ねる専門家は、どの会社にも必
　要なのですよ」と言うと、それになりたいという人も、けっこういるん
　です。**どの会社でも食っていける**から。人生100年安泰です。

　　自分自身の話をするのはあれですけど、今の私は、給料だけある程度、
　自分の中で線引きして割り切れば、もうどの会社でも働けるという状況

です。どの会社でも総務部長ができると思います、多分。

　実際に、Ｎ自動車から声がかかったときも、そんな感じでした。「うちの会社の総務部長をやってくれませんか」と、そんな感じ。部長ですよ。もう入った瞬間、部下が大勢つく職に、急にどうですかって。しかも外から。普通は、社内的に偉くて文句を言われない人が回ってきて、出世コースじゃないですか。そんなところに外部から入れようなんて、やっぱりあの会社も、「やっちゃえ」的な発想が強く、本気で変革したいと思っているのを、私も肌で感じました。グローバルレベルでのアライアンス活動も、とにかく前進して変えていきたいという気持ちはすごくピュアだし、合っているか間違っているかは別にして、変えようとしているだけでも、私はスゴイと思うのです。そういうチャレンジの中で、総務も変えなきゃ駄目だということで、外から部長を採用するというアクション。これはなかなかできませんよ。その意味では本当に尊敬できる会社でしたし、いろいろ苦労もありますが成功してほしいと、いまでも陰ながら応援しています。

　これからはやはり、そういうふうになってくるはずなんですよ。会社の変革の本気度が、総務の変革を求める。だから、**総務の仕事がしっかりできれば、どの会社からも求められる**んです。どうして求められるかというと、**「この人が来たら社員が幸せになる」ということが担保される**わけですよね。

　この人のガイドのとおり、そこそこうまくやっていけば、コストも抑えられて、入社前・在職中・退社後の社員も幸せにしてもらえる。そういうリーダーシップを取ってくれるだけでなく、その人が知っているすばらしい業者の情報とか、そのほかのノウハウとか、いろいろな知見も入ってくる。社内だけでは答えが出ないことを、部長の立場からリードしてくれる。これは外部のコンサルに求めてもいいんですけど。Ｎ自動車の場合は、この部分はコアでもあり外部委託できなかったので、私が「正社員採用」として入り、その任務を遂行しました。ただ今後は、もっとミッション遂行型で柔軟な雇用形態のケースでの総務プロの移籍の事例も出てくると思います。私は求められたミッションをある程度まっと

うし、ほどよいところで次のキャリアへ進むために退職しました。その「ほどよい」の詳細は割愛させてもらいます。もちろん在籍期間の実績への感謝を受けてのwin-win退職であり、それは手に職をもってそのジョブで長期キャリアを市場で築いていくうえでの一番重要なポイントです。（笑）

　ただ、総務の仕事をキャリアとして考えるのだったら、先ほど話したメイク・ユー・ハッピーにもつながるんですが、**どの会社からも、去るときには感謝されます**。これはもう絶対です。私も、N自動車のみなさんからも「本当にありがとう」と言ってもらっていますし、今でもコンタクトを取っています。

　だから、私は**絶対に憎まれる仕事はしません**。その会社にいる間にベストを尽くして、ちゃんと社員を幸せにします。当然、そうやって変えてきた会社は、今でも生き残っています。総務が外から雇われる場合、企業が変化している過渡期にポーンと入るケースが多いんですけど。

　どの会社からも感謝されることで、総務としてのキャリアは磨かれていきます。当たり前ですよね。そうでないと、次の仕事がなくなってしまうので。「もう一度戻ってきてほしい」と言われるくらいじゃないと、長いキャリアはとても生き抜けない。

　ですから、会社を何度も何度も変わった人はたくさんいますし、私の場合、7つか8つ変わっていますけど、すべての会社から「もう一度来てくれ」と言われてもおかしくない状況です。そこは自信をもっています。ただ、給料が合わない、またはそのときのお互いのニーズに合わないので無理、という話なのですけど。でもニーズは変化するので、また双方タイミングが合えば、再合流（再婚）もアリですね。

　日本には、会社をやめてあとで戻る人が「出戻り」という非常に差別的な言葉で呼ばれ、実際に差別を受けるケースもありますが、早くその感覚がこの国からなくなってほしいですね。再婚するときに「出戻り」という主従関係の言葉を使う時代でしょうか？　就職（エンゲージメント）において会社と社員が対等の立場である、という感覚になれば、そんな言葉もいずれ消えるでしょう。

豊田　人生100年時代とか、仕事がなくなるとか、いろいろいわれていますけれども、総務というのはどの会社にもあるし、けっしてなくならない仕事、楽しい仕事というふうにとらえることができると思いますね。

金　楽しいと思いますね。もう豊田さんも多分、抜けられないと思うのですけど。

豊田　まあね、この世界。

金　これからの時代に総務の仕事に就く人たちを啓蒙する仕事も、楽しいと思いますし。

　　総務がうまくできるようになった人は、結果的に、自分の家族も幸せにするんですよね、メイク・社員・ハッピーだけじゃなくて。その能力は、今日も何度も名前を出したクレイグ・カックスとかを見ていると、すごく感じます。私自身もじつは、本当に失敗した時期もあったのですけど。やっぱり総務をやればやるほど、耐性というか、受け入れる力というか、「みんな、基本的にひとりひとり違うんだよ」という認識を得て、それがまた、齢を重ねる中での自分の成長と重なって、家族とそのまわりも幸せにできる力が、自然に身につくと思います。だから、「人生を幸せにするためには、まずは総務を10年経験せよ」というのは、あらゆる人に言いたいくらいで。

豊田　なるほど。

金　もう、これからの時代の主役というか、人を幸せにできる憧れの職種にしていきたいですよね。

豊田　そうそう。だから、権限をもって偉そうに10年やるのじゃなくて、本当にもう失敗してしっちゃかめっちゃかになって、それでも何とかするといった具合に総務の経験を積んだら、生きる力が身につくと思いますよ。

（2021年3月17日、オンライン対談）

【著者プロフィール】

豊田 健一（とよだ・けんいち）

早稲田大学政治経済学部卒業。株式会社リクルート、株式会社魚力で総務課長を経験後、ウィズワークス株式会社入社。現在、株式会社月刊総務代表取締役社長、戦略総務研究所所長。日本で唯一の総務部門向け専門誌『月刊総務』を発行すると同時に、一般社団法人 FOSC の副理事長、All About の総務人事・社内コミュニケーションのガイドを務める。総務経験を活かした働き方改革、戦略総務、総務最新事例、最先端の総務向けサービス等の情報発信。総務を対象とした営業の研修、サポート、コンサルティングを行っている。著書に『経営を強くする戦略総務』『マンガでやさしくわかる総務の仕事』（日本能率協会マネジメントセンター）がある。

金 英範（きむ・ひでのり）

株式会社 Hite & Co. ／ CEO。「総務から社員を元気に、会社を元気に！」がモットー。25 年以上に渡り、日系・外資系大企業の計 7 社にて総務・ファシリティマネジメントを実務経験してきた"総務プロ"。インハウス業務とサービスプロバイダーの両方の立場から、企業の不動産戦略や社員働き方変化に伴うオフィス変革＆再構築を主軸に、独自のイノベーティブな手法でファシリティコストの削減と同時に社員サービスの向上など、スタートアップから大企業まで幅広く実践してきた。JFMA やコアネットなどの業界団体でのリーダーシップ、企業総務部への戦略コンサルティングの実績も持つ。Master of Corporate Real Estate（MCR）認定ファシリティマネジャー、一級建築士の資格を保有。

リモートワークありきの世界で経営の軸を作る
戦略総務 実践ハンドブック

2021 年 7 月 30 日 初版第 1 刷発行

著　者 —— 豊田 健一　金 英範
　　　　　ⓒ 2021 Kenichi Toyoda, Hidenori Kim
発行者 —— 張 士洛
発行所 —— 日本能率協会マネジメントセンター

〒103 - 6009 東京都中央区日本橋 2 - 7 - 1　東京日本橋タワー
TEL 03（6362）4339（編集）／ 03（6362）4558（販売）
FAX 03（3272）8128（編集）／ 03（3272）8127（販売）
https://www.jmam.co.jp/

装丁————山之口正和＋沢田幸平（OKIKATA）
編集協力——ユニバーサル・パブリシング株式会社／柳本学
印刷所————広研印刷株式会社
製本所————株式会社三森製本所

ISBN 978-4-8207-2907-5　C2034
落丁・乱丁はおとりかえします。
PRINTED IN JAPAN

JMAM の本

経営を強くする
戦略総務

豊田健一　著
A5判　248頁

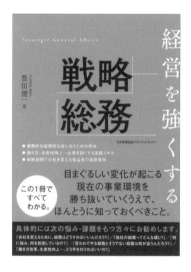

「総務が変われば、会社が変わる」という言葉がある。総務が変われば、つまり、総務が主導で仕事をしだすと、会社を変えていくことができる、ということである。

社内活性化、モチベーションの向上、ロイヤリティの向上。どれも総務が携わるべき仕事であり、全社に影響力を発揮できる総務だからこそ、会社を変えるために、厳しい競争に勝ち抜くために、しっかりとした「戦略」を持って、やるべき仕事である。

企業においてなくてはならない部署として、会社を変える部署として、総務自身が戦略性を持ち、企業のコア業務として存在していくのが「戦略総務」という考え方。その戦略総務の必要性について詳しく解説する。

日本能率協会マネジメントセンター